Polyphem, der einäugige Riese (Kyklop)

Das ist Mythologie!

Sagen und Legenden aus aller Welt

DORLING KINDERSLEY
London, New York, Melbourne, München und Delhi

Gestaltung und Satz Sonia Whillock-Moore,
Lauren Rosier, Poppy Joslin,
Jemma Westing, Hedi Hunter, Clare Patane,
Rachael Foster, Rosie Levine
Lektorat Deborah Lock, Lee Wilson,
Lorrie Mack
Art Director Martin Wilson
Cheflektorat Bridget Giles
Herstellung Claire Pearson
Umschlaggestaltung Martin Wilson,
Matilda Gollon
Bildrecherche Jo Walton

Fachliche Beratung Neil Philip

Für die deutsche Ausgabe:
Programmleitung Monika Schlitzer
Projektbetreuung Martina Glöde
Herstellungsleitung Dorothee Whittaker
Herstellung Kim Weghorn

Bibliografische Information der Deutschen Bibliothek
Die Deutsche Bibliothek verzeichnet diese Publikation
in der Deutschen Nationalbibliografie;
detaillierte bibliografische Daten sind im Internet
über http://dnb.ddb.de abrufbar.

Titel der englischen Originalausgabe:
Children's Book of
Mythical Beasts and Magical Monsters

© Dorling Kindersley Limited, London, 2011
Ein Unternehmen der Penguin-Gruppe

© der deutschsprachigen Ausgabe by
Dorling Kindersley Verlag GmbH, München, 2012
Alle deutschsprachigen Rechte vorbehalten

Übersetzung Manuela Knetsch
Lektorat Dr. Claudia Wagner

ISBN 978-3-8310-2152-9

Printed and bound in China by Leo

Besuchen Sie uns im Internet
www.dorlingkindersley.de

So benutzt du dieses Buch

Lies spannende Mythen, Legenden und Sagen aus aller Welt, begegne geheimnisvollen Wesen und bestehe mit tapferen Helden unzählige Abenteuer. Die Doppelseiten in diesem Buch gehören jeweils zu einer von vier unterschiedlichen Rubriken:

RUND UM DIE WELT: Du wirst staunen, wie sehr sich mythologische Figuren und Themen aus aller Welt ähneln.

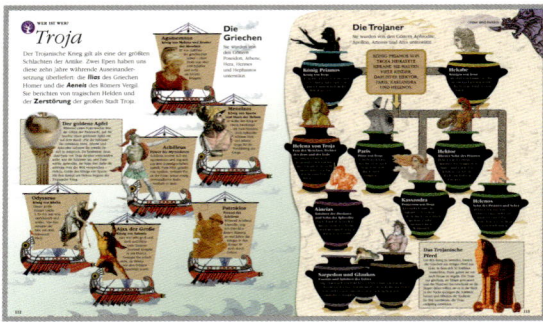

WER IST WER? Finde heraus, wie die Götter einer Kultur oder die Figuren berühmter Legenden miteinander in Verbindung stehen.

GESCHICHTEN ERZÄHLEN: Lass dich von den faszinierenden Mythen mitreißen, die von Generation zu Generation weitergegeben wurden.

IM PORTRÄT: Lerne die Hauptcharaktere der Geschichten kennen und erfahre mehr über ihr Wesen und ihre Abenteuer.

Inhalt

10 Schöpfungsmythen

12 Wie alles begann
14 Der Rabe, der das Licht stahl
16 Mama Killa
18 Entstehung Japans
20 Regenbogenschlange
22 Götter der Māori
24 Māui, der kleine Halbgott
26 Sedna und der grausame Rabe
28 Kaang und der Weltenbaum
30 Erste Menschen
32 Griechische Götter
34 Wie das Böse in die Welt kam
36 Die große Flut
38 Quetzalcoatl und Tezcatlipoca
40 Ägyptens Götter
42 Wie die Jahreszeiten entstanden
44 Die Unterwelt

46 Magische Kreaturen

48 Riesen
50 Kirke, die Zauberin
52 Odysseus und die Sirenen
54 Wandelbar
56 Werwölfe
58 Der Donnervogel und der Wal
60 Monster der Meere
62 Tiere in der chinesischen Mythologie
64 Die Abenteuer des Affenkönigs
66 Trickreiche Gauner
68 Anansi, die schlaue Spinne
70 Eros und Psyche
72 Besondere Pflanzen
74 Midas, König der Narren
76 Hilfreicher Nisse
78 Kleines Volk
80 Achtung: Bunyip!
82 Baba Jaga und Wassilissa, die Schöne
84 In den Sack gesteckt

86 Götter und Helden

88 Tapfere Krieger
90 Nordische Götter
92 Donnernder Thor
94 Kampf ums Gold
96 Mythische Wesen
98 Indische Götter
100 Göttin Durga
102 Ōkuninushi und das weiße Kaninchen
104 Herakles, der Held
106 Heldinnen
108 Theseus und der Minotauros
110 Perseus und Medusa
112 Troja
114 Jason und das Goldene Vlies
116 Ödipus, der tragische Held
118 Drachen
120 Beowulf und Grendel, der Unhold
122 Die Ritter der Tafelrunde
124 Lebenselixier
126 Gilgamesch, der Tyrann
128 Geheimnisvolle Reiche
130 Eldorado – Die goldene Stadt
132 Robin Hood
134 Wie alles endet
136 Geschichten erzählen
138 Glossar
140 Register
142 Dank und Bildnachweis

Was sind Mythen?

Was sind Mythen?

Auch wenn diese Geschichten zunächst sehr unterschiedlich wirken, bestehen doch alle Mythen, Legenden und Sagen aus ähnlichen Elementen: Eine gute oder eine böse Figur erhält eine besondere Aufgabe oder muss in einer fantastischen Umgebung ein Abenteuer bestehen, wobei sie sich bewährt oder scheitert.

Mythen sind zeitlos

Mythen existieren bereits seit Tausenden von Jahren – also schon sehr viel länger, als es Bücher gibt! Sie wurden zunächst mündlich von Generation zu Generation überliefert. Mythen haben Bestand, weil sie Weisheiten beinhalten und für eine Kultur von besonderer, manchmal auch religiöser Bedeutung sind.

Mythen sind spannend

Mythen haben auch überlebt, weil sie sehr unterhaltsam sind – eintönige Berichte hätte man schnell wieder vergessen. Sie haben das Geschichtenerzählen von Anfang an beeinflusst. Selbst heutzutage spielen viele Bücher und Filme, z.B. *Harry Potter*, mit Elementen aus uralten Mythen und Legenden.

Mythen sind Kunst

Die starken Charaktere der Mythen haben Künstler seit Jahrhunderten inspiriert. Ihre erfindungsreichen Welten und der immerwährende Kampf „Gut gegen Böse" wurden in unzähligen Skulpturen und Gemälden verewigt.

In Mythen, Legenden und Sagen wird mithilfe von Geschichten versucht, das menschliche Miteinander, die Natur und auch das Übernatürliche zu ergründen. Die Erzählungen über Götter, Helden, Dämonen und Monster thematisieren die großen Fragen des Lebens.

Mythen sind *lehrreich*

Als es noch keine Schulen gab, erfuhren Kinder alles Wissenswerte von ihren Eltern und anderen älteren Mitgliedern ihrer Gemeinschaft. Diese verpackten ihre Lektionen in Geschichten, sodass Kinder sie sich besser einprägen konnten. Jede Gemeinschaft hatte ihre eigenen Mythen, um über ihre Kultur und Umwelt nachzusinnen, sowie Naturphänomene zu erklären, die sie nicht verstehen konnten.

Mythen sind **Erklärungen**

Bei Mythen handelt es sich nicht nur um unterhaltsame Geschichten für Kinder. Sie alle haben einen tieferen Sinn. Bevor die Menschen naturwissenschaftliche Erkenntnisse gewannen, suchten sie nach anderen Erklärungen für bestimmte Phänomene wie Erdbeben, die Sterne oder den Tod. Sie wollten das Unbegreifliche durch Mythen, Legenden, Sagen oder Religionen verständlicher machen.

Mythen **sind nicht …**

… zu beweisen. Ihr Wahrheitsgehalt lässt sich nicht mehr herausfinden und niemand weiß, weshalb und wo sie zuerst aufgetaucht sind. Über Generationen wurden sie von Geschichtenerzählern weitergegeben – und durch die mündliche Überlieferung haben sie sich immer wieder verändert. Aber ob sie nun wahr sind oder nicht, Mythen und Legenden können uns auch heute noch vieles über uns und die Welt, in der wir leben, lehren.

Schöpfungsmythen

Genau wie wir wollten auch die Menschen in früheren Zeiten sich selbst und die Welt um sich herum besser verstehen. Jede Kultur hatte ihre eigenen Erklärungen dafür, wie das Universum entstanden und was danach geschehen war …

Eine Illustration aus dem Buch Il Milione, *das aus dem 13. Jh. stammt. In ihm wird geschildert, was der Kaufmann Marco Polo auf seinen Reisen durch Asien erlebte.*

RUND UM DIE WELT

Wie alles begann

Jede Kultur verfügt über Geschichten, wie die **Welt** entstanden ist. Viele Mythen erzählen von einem **Chaos**, einer Art Ursuppe, aus dem heraus alles erschaffen wurde. In anderen schlüpfte die Welt aus einem Ei oder entstand auf dem Rücken eines Tiers.

◀ **Pangu** (China) Am Anfang herrschte Chaos. Dann schlüpfte Pangu aus einem Ei. Er trennte die Erde (Yin) vom Himmel (Yan) und hielt sie 18000 Jahre lang auseinander. Als er starb, wurde aus seinem Atem der Wind, seine Stimme wurde zu Donner, seine Augen verwandelten sich in den Mond und die Sonne und sein Körper bildete die Gebirge.

◀ **Der Vogel Benu** (Altes Ägypten) Er wurde oft als langbeiniger Reiher dargestellt. Nach dem ersten Sonnenaufgang der Schöpfung soll er über die Ozeane geflogen sein. Als er auf felsigem Untergrund landete, stieß er einen harschen Schrei aus, der die ewige Stille zerriss und die Welt erweckte.

◀ **Volk der Seneca-Indianer** (Nordamerika) Das Universum bestand aus Himmel und Wasser. Die erste Frau fiel aus dem Himmel in die Fluten und wurde von Meerestieren vor dem Ertrinken gerettet. Die Kröte tauchte hinab, um mit Schlamm vom Meeresboden Land auf dem Rücken der Schildkröte zu formen. Die Cherokee-Indianer kennen einen ähnlichen Mythos, bei dem ein Wasserkäfer die Erde aus Schlamm erschuf.

▶ **Traumzeit** (Australien) In der Traumzeit schufen schöpferische Ahnwesen das Land. Die Aborigines können noch immer durch das Erzählen von Geschichten, durch Rituale und Kunst in Kontakt mit der Traumzeit treten, die damit nicht ausschließlich der Vergangenheit angehört.

Schöpfungsmythen

◀ **Muspelheim** (Skandinavien) Einst gab es zwei Länder, Muspelheim und Niflheim, getrennt durch den leeren Raum Ginnungagap. Das Licht und die Wärme von Muspelheim und die dunkle eisige Kälte von Niflheim verschmolzen miteinander und schufen so ein riesiges Frostungeheuer – Ymir (siehe S. 49). Ymir wurde von den ersten Menschen getötet. Aus seinem Leib entstand die Erde.

DURCHBLICK
Mehr über Mythen des Nordens erfährst du auf S. 90.

▲ **Eurynome und Ophion** (Altes Griechenland) In einer Version der Schöpfungsgeschichte tauchte die Göttin Eurynome aus einer dunklen Leere auf und verwandelte sich in eine Taube. Sie legte das Weltei, um das sich die riesige Schlange Ophion schlängelte. Die Wärme des Schlangenkörpers brütete das Ei aus. Es schlüpften der Himmel, die Gebirge und die Gewässer.

◀ **Aido-Hwedo und Mawu** (Westafrika) Die Urgöttin Mawu erschuf die Menschen und mithilfe der Schlange Aido-Hwedo die Welt. Sie vollzogen große Kreise und formten so die Erde zu einer Kugel. Durch die windenden Bewegungen der Schlange entstanden Flüsse und Täler und aus dem Wasser, das aus ihrem Körper austrat, Gebirge und Minerale.

GESCHICHTEN ERZÄHLEN

Der allzeit hungrige Rabe gehörte zu den wichtigsten mythischen Figuren der Völker an der Westküste Nordamerikas. Man sagte ihm nach, er habe die Welt mit Pflanzen und Fischen gesegnet, um das Überleben zu sichern. Es gibt zahlreiche Varianten dieses Mythos um den Raben.

Rabengeschichten
Rund um den Globus
Die Figur des Raben kennt man auf der ganzen Welt aus überlieferten Erzählungen, besonders aber in Nordamerika, Europa, Skandinavien und Sibirien.

Ratgeber
In den nordischen Mythen wurde der Hauptgott Odin (siehe S. 91) oft mit zwei Raben dargestellt, die auf seiner Schulter saßen. Sie hießen Hugin (Gedanke) und Munin (Erinnerung), flogen jeden Tag durch die Welt und berichteten ihm dann, was sie gesehen und gehört hatten.

Schöpferfigur
Im östlichen Teil Russlands und in der russischen Arktis ist der Rabengeist Kutkh nicht nur eine Schöpferfigur, sondern auch der Urahn der Menschheit, ein mächtiger Schamane und cleverer Gauner. Einige der Rabengeschichten dieser Gegend ähneln denen der Ureinwohner Nordamerikas.

Raben im Turm
Seit Jahrhunderten leben Raben im Tower von London in England. Früher glaubte man, dass England zugrunde gehen würde, sobald die Raben den Turm verließen. Auch heute noch werden Raben dort gehalten und geschützt.

Der Rabe, der das Licht stahl

Die indianischen Ureinwohner an der Westküste Kanadas (darunter das Volk der **Haida** und das der **Tlingit**) kennen **zahlreiche Mythen**, die von einem Raben handeln – einem Zauberwesen, das seit Anbeginn der Zeit auf der Erde lebt.

Als die Welt gerade entstanden war, lag alles noch im Dunkeln. Um von einem Ort zum nächsten zu gelangen, um zu jagen, zu fischen und sogar um Beeren zu sammeln, mussten die Menschen sich zu den ihnen vertrauten Bäumen, Felsen und Seen vortasten.

Das Licht hielt der selbstsüchtige Sky Chief, der „Häuptling des Himmels", in einer Kiste versteckt. Den Raben machte das so wütend, dass er sich einen Plan ausdachte, wie er in das Haus des Sky Chief gelangen und die Kiste stehlen könnte. Dazu verwandelte er sich in eine Piniennadel. Als die Tochter des Sky Chief an einer nahe gelegenen Quelle zum Wasserholen ging, ließ sich der Rabe vom Wind in ihren Krug wehen. Zurück im Haus trank sie einen Schluck aus dem Krug und die Piniennadel rutschte ihren Schlund hinab.

Schöpfungsmythen

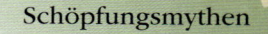

Als der Rabe im Leib der Tochter war, verwandelte er sich in ein Menschenbaby, um geboren zu werden. Bei der Geburt hatte der zarte Junge rabenschwarzes Haar, glänzende schwarze Augen, eine krumme Nase und er schrie wie eine Krähe. Der Sky Chief aber war dennoch völlig von ihm betört und tat alles, um ihn zufriedenzustellen. Viele Wochen lang blieb der Rabe als Menschenkind in seinem Haus.

Eines Tages, als er die Kiste entdeckte, die das Licht der Welt enthielt, wollte der Rabe danach greifen. Der Sky Chief nahm sie ihm blitzschnell aus der Hand, doch das Kind schrie und schrie, bis der Großvater nachgab, so wie es viele liebende Großväter eben tun.

Sobald der Rabe den Schatz in Händen hielt, öffnete er die Kiste und ließ den magischen Lichtball hinaus. Im nächsten Augenblick verwandelte er sich wieder in einen Vogel, nahm den Lichtball in den Schnabel und flog durch den Rauchabzug aus dem Haus hinaus. Nachdem er über zahlreiche Gebirge, Flüsse und Ozeane geflogen war, wurde er müde und ließ die Hälfte des Lichts fallen. Es zerbrach in tausend Stücke, aus denen sich der Mond und die Sterne formten. Völlig erschöpft von seinen Reisen ließ der Rabe am Ende auch das restliche Licht fallen, wodurch der Himmel erstrahlte – sein kostbares Gut hatte sich in die Sonne verwandelt.

IM PORTRÄT

Biografie
Mama Killa, Mondgöttin

Bereiche
Sie wurde Mama Killa genannt und war die Göttin des Monds, der Ehe, der Feste und die Beschützerin der Frauen.

Familienstammbaum
Sie war die Tochter von Wiraqucha, dem Schöpfergott, und Mama Qucha, Mutter Meer. Zudem gilt sie als Schwester und Gemahlin des Sonnengotts Inti.

Ihre Kinder waren Manco Cápac (siehe unten) und Mama Ocllo, die an den Titicacasee geschickt wurden, um Menschen zu unterrichten und Gesetze zu erlassen. In den Mythen gelten sie als Gründer des Inkareichs.

Noch mehr Nachwuchs
In anderen Mythen ist von einem weiteren Kind die Rede – Pachakamaq, dem Weltenschöpfer. Seine Frau war die Göttin Mama Pacha, Mutter Erde, die die Ernte beschützte und Erdbeben verursachte.

Mama Pacha, Mutter Erde, war für die Menschen im Andengebirge von großer Bedeutung.

Mama Killa

Mama Killa, die **Mondgöttin**, war die drittmächtigste Gottheit der Inka, einem Kriegervolk aus Peru in **Südamerika**. Zwischen dem 13. und dem 16. Jh. erstreckte sich ihr Reich über das gesamte Gebirge der Anden. Wenn die Inka andere Völker **erobert** hatten, wurden deren Götter häufig in die eigene Glaubenswelt und die Geschichten mit aufgenommen.

Mondfinsternis

Die Inka fürchteten sich vor Mondfinsternissen. Sie glaubten, dass diese dadurch verursacht würden, dass Mama Killa von einem wilden Tier (einem Berglöwen oder Puma) angegriffen würde. Bei einem Sieg des Tiers über Mama Killa könnte die Erde für immer dunkel bleiben. Während einer Finsternis versuchten sie daher, das Tier zu verscheuchen, indem sie Speere nach ihm warfen und laut schrien.

Bei einer Mondfinsternis schiebt sich die Erde vor die Sonne, sodass der Mond nicht angestrahlt wird.

Inkakalender

Die Inka maßen die Zeit mithilfe der Mondphasen – vom Vollmond zum Neumond und wieder zurück. Nach diesem Kalender richteten sie auch ihre Feste und Rituale aus. Auch deshalb galt Mama Killa als eine der wichtigsten Gottheiten.

Im Inkakalender war jedem Monat ein bestimmtes Fest zugeordnet.

Schöpfungsmythen

Während ihrer religiösen Zeremonien trugen die Inka goldene Masken, hier eine der Mama Killa.

Ihr Gesicht war rund wie der Vollmond – ein Symbol der Schönheit.

Die Inka glaubten, dass es sich bei dem Edelmetall Silber um auf die Erde gefallene Tränen der Mondgöttin handle.

Wenn man den Mond betrachtet, lassen sich dunkle Flecken erkennen. Einer Legende der Inka zufolge bildeten sich diese, als ein Fuchs sich in Mama Killa verliebte, sie besuchte und diese ihn an sich drückte.

GESCHICHTEN ERZÄHLEN

Japanische Erzählungen
Die ersten Götter
Am Anfang kamen die leichteren Teile des Chaos, der Ursuppe, an die Oberfläche und formten Takamanohara – den Himmel. Die ersten Mächte entstanden in Gestalt dreier unsichtbarer Götter. Ein Schilfrohr wuchs hinauf zum Himmel und an seiner Spitze erschienen zwei weitere Götter. Generationen später waren Izanagi und Izanami die letzten dieser Urgötter, mit denen dann die eigentliche mythologische Erzählung einsetzt.

Die Familienfehde
Ihre älteste Tochter Amaterasu umgab eine solche Helligkeit, dass man sie zum Himmel schickte, um Licht zu spenden. Als sie die Erde gewärmt hatte, zeigte sie den Menschen, wie man Reis und Getreide anbaut und mithilfe von Seidenraupen Kleidung herstellt. Ihr Bruder Susanoo verärgerte sie, indem er ihre Ernte zerstörte, und sie zog sich in eine Höhle zurück.

Die aufgehende Sonne
Die Erde war in Finsternis getaucht, bis es den anderen Götter gelang, Amaterasu aus der Höhle herauszulocken. Sie hielten ihr einen Spiegel vor, sodass sie – im Glauben, eine neue Göttin zu erblicken – nach draußen kam. In einer anderen Version lärmten die Götter so, dass sie nach dem Rechten sehen wollte. Als sie vor die Höhle trat, kam das Licht zurück auf die Erde.

Lange Zeit zeigte die japanische Flagge eine aufgehende Sonne – Symbol für die aus der Höhle tretende Amaterasu.

Der erste Kaiser
Amaterasu trug ihrem Enkel Ninigi auf, über Japan zu herrschen, und gab ihm drei Schätze – eine juwelenbesetzte Halskette für die Freundlichkeit, einen Spiegel für die Reinheit und ein Schwert für den Mut. Einer Legende zufolge wurde Ninigis Urgroßenkel Jimmu der erste japanische Kaiser.

Entstehung *Japans*

In japanischen Mythen stiegen die Urgötter Izanagi und Izanami, die Bruder und Schwester waren, auf einem Regenbogen aus den Himmeln herab zum **Chaos** – einer dunklen, öligen Ursuppe. Auf der Regenbogenbrücke stehend rührte Izanagi mit einer Lanze im Chaos, bis sich eine Insel formte.

Diese erste Insel wurde Onogoro genannt und mit ihr begann die Schöpfung. Um Weiteres erschaffen zu können, beschlossen Izanagi und Izanami zu heiraten. Für ihre Trauung bauten sie eine hohe Säule. Izanagi lief in der einen Richtung, Izanami in der anderen Richtung um die Säule herum. Als sie sich begegneten, schworen sie sich ewige Treue. Da aber Izanami, die Braut, zuerst gesprochen hatte, waren die Götter im Himmel sehr erzürnt. Zur Strafe sollte Izanami fortan nicht nur Götter und Geister, sondern auch Dämonen und Monster gebären.

Als Mann und Frau schufen Izanami und Izanagi die acht Inseln Japans sowie alle Pflanzen und Tiere. Izanami gebar Götter und Geister, die für sie verantwortlich sein sollten. Unter ihnen war auch Amaterasu, die Sonnengöttin, Tsukuyomi, der Mondgott, Susanoo, der Gott des Sturms, und viele weitere Götter der Natur, der Meere, Ebenen und Gebirge. Izanami aber war bei ihrer Hochzeit gleichzeitig zum Tod verdammt worden und starb in den Flammen des Feuergotts Kagutsuchi, als dieser geboren wurde. Sie kam in die Unterwelt Yomi. Voller Trauer folgte Izanagi ihr dorthin.

Schöpfungsmythen

Das Totenreich Yomi
In Yomi sollen über 80 000 Dämonen gelebt haben. Ihre Aufgabe bestand darin, die Toten zu Yama, dem Herrscher und Richter, zu bringen. Er entschied darüber, ob ein Toter als Mensch wiedergeboren werden konnte oder für immer in Yomi bleiben musste. Er wurde dort dann so lange gequält, bis er sich ebenfalls in einen Dämonen verwandelte.

Er zog einen Kamm aus seinem Haar und zündete ihn als Fackel an. Da sah er, dass er zu spät gekommen war und Izanami sich bereits in einen Dämon verwandelt hatte.

Sie befahl den anderen Dämonen, ihn zu jagen. Izanagi floh und warf seine Kopfbedeckung und den Kamm hinter sich. Die Kopfbedeckung verwandelte sich in Trauben, der Kamm in Bambussprossen. So brachen die Dämonen die Verfolgung ab, um zu essen. Im letzten Augenblick entwischte Izanagi durch den Ausgang und rollte einen riesigen Stein davor. So wurden die Lebenden für immer von den Toten getrennt.

BASTLE EINE GERÄUSCHKULISSE

Du kannst diese Geschichte mit den passenden Geräuschen nacherzählen. Imitiere das Blubbern der Ursuppe, indem du eine Plastikflasche mit Wasser schüttelst, untermale die Hochzeitszeremonie mit feierlichen Klängen, indem du Besteck anschlägst, oder begleite die Verfolgung der Dämonen mit Kochlöffeln, mit denen du gegen einen Topf klopfst.

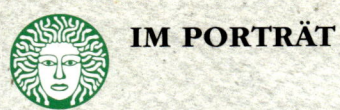

IM PORTRÄT

Biografie
Regenbogenschlangen

Schöpferwesen
Das Volk der Gunwinggu im Norden Australiens kennt zwei Schlangen: Yingarna ist das Schöpferwesen, die große Regenbogenschlange. Ihr Sohn, Ngalyod, erschuf die Berge, die Täler und die Wasserlöcher. Er lebt am Fuß der Wasserfälle und passt auf Yingarnas Kinder auf.

Yingarna
Yingarna kam aus dem Osten. Sie brachte Körbe voll Menschen mit, die sie geschaffen hatte. An jedem Ort, an dem sie sich ausgeruht hatte, ließ sie eine Gruppe von ihnen zurück. Manchmal erschien sie als Regenbogenschlange, dann wieder als Frau.

Die Felszeichnungen dieser Ahnenfigur sind Tausende von Jahren alt.

Wandlungsfähig
Regenbogenschlangen erscheinen nicht immer in der gleichen Gestalt – in den Geschichten der Aborigines wirken sie beinahe menschlich. Auf Zeichnungen sieht man sie manchmal mit Körperteilen anderer Tiere, wie hier mit dem Kopf und Schwanz eines Krokodils.

Regenbogenschlange

Die Regenbogenschlangen spielen im Glauben der Ureinwohner Australiens, der **Aborigines**, als Schöpferwesen der **Traumzeit** (siehe S. 12) eine bedeutende Rolle. Ihre Körper formten einst die Berge und Täler, sie gelten als Quelle der Zauberkraft und werden eng mit dem **Regen** und mit **Wasserlöchern** in Verbindung gebracht.

Am Ende des Regenbogens

Die Aborigines im australischen Queensland sagen, dass der Regenbogen von einer Regenbogenschlange gebildet wird, die von Wasserloch zu Wasserloch springt. An der Stelle, an der der Regenbogen den Boden berührt, formen sich Quarzkristalle. Eine Person, die im Besitz solcher Kristalle ist, ist dazu bestimmt, sehr weise zu werden.

In der Legende heißt es, dass die Regenbogenschlange nicht gestört werden darf, wenn sie sich in einem Bogen über den Himmel spannt.

Mutter und Vater

Schlangenmalerei der Aborigines

In den Mythen der Aborigines kommen viele Regenbogenschlangen vor, doch die wichtigste, die Schöpferschlange, ist die Quelle des Lebens. Sie besteht aus einem männlichen und einem weiblichen Teil. Wenn sie spuckt, regnet es, und ihre Stimme ist der Donner. Jedes Volk der Aborigines hat seinen eigenen Namen für diese Schlange.

Schöpfungsmythen

Wächter der Wasserlöcher

Die Regenbogenschlange hat die Macht, Leben zu schenken. Sie ist eng mit Wiedergeburt und dem Wachstum von Tieren und Pflanzen verknüpft.

Die Schlange schläft in Wasserlöchern. Wacht sie auf, kommt es durch ihre Bewegungen zu Überflutungen.

Die Schlange bestraft diejenigen, die das Gesetz der Erde gebrochen haben, mit Fluten und Stürmen.

Während einer Flut schluckt sie Menschen und verwandelt ihre Knochen in Gestein.

Die Regenbogenschlange bestimmt über Leben und Tod. Sie kann in Menschen eindringen, um ihnen magische Kräfte zu verleihen oder um sie krank zu machen und sterben zu lassen.

WER IST WER?

Götter *der Māori*

Die Māori, die Ureinwohner Neuseelands, fühlten sich eng mit der **Natur** verbunden und kannten für jedes Element und jeden Bereich einen eigenen Gott. Bevor sie einen Baum fällten oder zur Jagd gingen, erwiesen sie zuerst dem jeweiligen Gott ihre **Ehre**.

Die Familienfehde

Die Kinder des ersten Götterpaars Rangi und Papa – Himmel und Erde – lebten zwischen ihren Eltern in der Dunkelheit, denn diese hielten sich so fest umklammert, dass kein Licht hindurchdrang. Verärgert darüber wollten alle Kinder (außer Tāwhiri, dem Wettergott) die Eltern auseinanderbringen, um den Tag und die Nacht zu erschaffen. Schließlich stemmte Tāne, der Gott der Wälder, seinen mächtigen Fuß gegen seine Eltern und so gelang es ihm, sie voneinander zu lösen. Der Wettergott Tāwhiri wurde daraufhin so wütend, dass er Wälder verwüstete und Meere aufpeitschte, weshalb sich die Lebewesen vor ihm versteckten und neue Landschaften schufen.

Tāne, der Gott der Wälder

Rangi, Vater Himmel, und Papa, Mutter Erde, hielten sich in der Dunkelheit fest umklammert.

Beschämte Göttin

Nach der Trennung von Rangi und Papa schuf Tāne eine Frau aus Lehm und hauchte ihr Leben ein. Sie wurde Hine-ahuone genannt, was „Frau aus Erde" bedeutet. Die beiden bekamen eine Tochter namens Hine-ata-uira – „Frau des Abendrots". Unwissend darüber, dass Tāne ihr Vater war, heiratete sie ihn und die beiden hatten viele Töchter. Als Hine-ata-uira schließlich die Wahrheit über ihren Mann und Vater erfuhr, verließ sie voll Scham die Erde und stieg in die Welt der Finsternis und des Todes hinab. Fortan war sie als Hine-nui-te-pō, die Göttin des Todes, bekannt.

Schöpfungsmythen

Rangi
Vater Himmel
Durch seinen Sohn Tāne von seiner Frau fort und gen Himmel gedrückt, weinte er Regentropfen.

RANGI UND PAPA HATTEN ÜBER 70 SÖHNE, DIE ZU GÖTTERN DER MĀORI WURDEN.

Papa
Mutter Erde
Nachdem sie von ihrem Mann Rangi getrennt worden war, versuchte sie vor Kummer die Erde auseinanderzureißen, um zu ihm zu gelangen. Vergeblich.

Tangaroa

Tū
Gott des Kriegs, Urahn der Menschheit
Dieser Gott wird meist mit einem wütenden Gesicht dargestellt und sehr respektvoll behandelt.

Tāwhiri
Gott des Wetters
Seine Kinder sind die Spielarten des Wetters – unterschiedliche Wolkenformationen, Temperaturen und Windstärken.

Tāne
Gott der Wälder und der Vögel
Diesem Gott gelang es, seine Eltern voneinander zu trennen und so Tag und Nacht zu erschaffen. Dies verärgerte seinen Bruder Tāwhiri.

Tangaroa
Gott der Meere
Da sein Bruder Tāwhiri ihn angriff, war er gezwungen, sich im Meer zu verstecken. Die Māori bringen ihm zur Verehrung Gaben dar, bevor sie fischen gehen.

Rongo
Gott des Friedens und der Ackerpflanzen

Haumia
Gott der Wildpflanzen
Sie werden von ihrer Mutter Papa beschützt.

Ruaumoko
Ursprung der Erdbeben
Als ungeborener Sohn lebt er in seiner Mutter Papa, der Mutter Erde. Wenn er sich in ihr bewegt, kommt es zu Erdbeben.

Rehua
Gott der Sterne
Er lebt im Himmel und wird mit den hellsten Sterne in Verbindung gebracht. Es heißt, er könne Blindheit und andere Krankheiten heilen.

Hine-nui-te-pō
Göttin des Todes
Sie ist die Tochter und Frau von Tāne, die sich vor Scham in die Unterwelt flüchtete. Dort kümmerte sie sich um ihre toten Kinder.

Punga
Urahnin der hässlichen Kreatur
Fische und Reptilien gelten als Kinder dieses übernatürlichen Wesens.

Rongo

Kaitangata
Mann von Whaitiri
Dieser hart arbeitende Fischer gefiel der Göttin des Donners Whaitiri. Er selbst aber war harmlos.

Tāwhiri

Stammbaum

So beginnt der Stammbaum der Māori-Götter. Er zeigt einige der wichtigsten Gottheiten aus der Mythologie der Ureinwohner Neuseelands. Alle Götter stammen vom ersten Götterpaar Rangi und Papa ab. Rangi, Vater Himmel, und Papa, Mutter Erde, selbst entsprangen einer Leere in der Finsternis.

ALS TĀWHIRI DIE MEERE IN UNRUHE VERSETZTE, ZERSTREUTEN SICH DIE LEBEWESEN.

ENTTÄUSCHT VON IHREM SANFTMÜTIGEN EHEMANN KEHRTE WHAITIRI IN DEN HIMMEL ZURÜCK.

Ikatere
Urahn der Fische
Die Fische flohen vor den von Tāwhiri erzeugten Stürmen und versteckten sich im Meer.

Tū-te-wehiwehi
Urahn der Reptilien
Da die Reptilien Zuflucht in den Wäldern fanden, wuchs Tangaroas Zorn auf Tāne.

Hemā
Sohn von Whaitiri und Kaitangata
Er wurde von Seeungeheuern getötet, die seine Kinder aus Rache vernichteten.

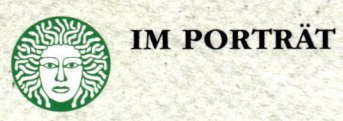

Biografie
Māui, Halbgott und Held

Familienstammbaum
Māuis Mutter war Taranga, Wächterin des Pfads in die Unterwelt, und sein Vater Makea Tutara, Gott der Unterwelt. In einigen Versionen der Geschichte hat er auch eine Frau – Hina, Göttin des Mondes und der Wiedergeburt.

Māuis Kindheit
Māui kam zu früh zur Welt und war daher sehr klein und schwächlich. Da seine Mutter dachte, er würde nicht überleben, warf sie ihn in den Ozean. Die Kreaturen der Meere kümmerten sich um ihn und brachten ihn an einen sicheren Strand, wo Rangi, der Urvater, sich seiner annahm. Als er älter war, kehrte Māui ins Dorf seiner Mutter zurück. Er fand vier Brüder vor (die neidisch auf ihn wurden) und lernte seinen Vater kennen.

Māui, der kleine Halbgott

In ganz Polynesien kennt man Māui, den **listigen Halbgott**. Er besaß magische Kräfte. Obwohl Māui sehr klein war, berichten die Mythen von zahlreichen Heldentaten. So verlängerte er etwa das Tageslicht und angelte eine Insel. Er brach immer wieder Regeln, log, betrog und erreichte seine Ziele mithilfe von Tricks. Bei dem Versuch, den Tod abzuschaffen, kam er jedoch selbst ums Leben.

Zähmung der Sonne

Māuis Mutter trug Kleidung aus Rinde, doch die Sonnenstunden eines Tages reichten nie aus, um die Rinde ganz trocknen zu lassen. Māui heckte einen Plan aus. Er stellte ein starkes Seil aus Kokosnussfasern her, mit dem er, mithilfe seiner Brüder, die Sonne einfing. Dann attackierte er sie, bis sie ihm versprach, fortan langsamer über den Himmel zu ziehen. Die Sonne hielt ihr Versprechen und von diesem Zeitpunkt an waren die Tage sehr viel länger.

Um seinen Vater Makea Tutara zu finden, folgte Māui seiner Mutter in Gestalt einer Taube in die Unterwelt.

Schöpfungsmythen

Diese Malerei zeigt, wie Māui in Gestalt einer Eidechse in den Körper von Hine-nui-te-pō kriecht (siehe S. 22).

Den Tod besiegen

Māui wollte den Menschen die Unsterblichkeit schenken, indem er durch den Körper von Hine-nui-te-pō kroch. Er verwandelte sich in eine Eidechse und wollte in die Göttin des Tods hineinkriechen. Ein Vogel wurde davon aufgeschreckt und weckte mit seinem Zwitschern Hine-nui-te-pō. Diese begriff, dass sie ausgetrickst werden sollte, und zerquetschte Māui zwischen ihren Beinen.

Ein Riesenfang

Beim Fischen benutzte Māui einen magischen Angelhaken, der sich in einem Haus verfing, das auf dem Meeresgrund stand. Während seine Brüder ruderten, holte Māui nicht nur das Haus nach oben, sondern auch ein Stück Land, geformt wie ein Fisch. Die Māori glauben, dass dies die Nordinsel von Neuseeland war. Sie nennen sie Te ika-a-Māui („Fisch von Māui").

GESCHICHTEN ERZÄHLEN

Sedna und der grausame Rabe

Das Meer bestimmt das Leben der **Arktisbewohner** – die Meerestiere liefern ihnen Nahrung, Kleidung, Knochen für ihre Werkzeuge und sogar Öl für die Lampen. Die Bewohner der Arktis glauben an die Meeresgöttin **Sedna**. Die Geschichte darüber, wie Sedna zur Göttin wurde, existiert in vielen Varianten und gehört zu den bekanntesten Mythen dieser Region.

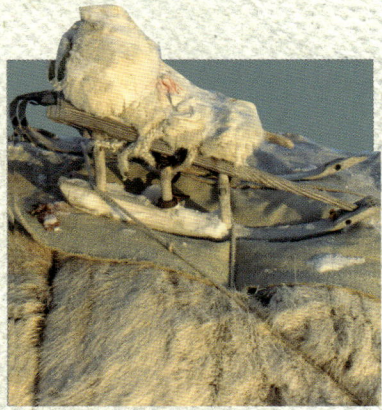

Heilige Schlitten sind für die Nenzen von großer Bedeutung – einige tragen Miniaturschlitten bei sich, die ihnen beinahe so wichtig sind wie ihre Götterpuppen.

Arktische Geister
Götterpuppen
Die Nenzen, ein sibirisches Nomadenvolk, kennen viele Götter. Jeder von ihnen wird durch eine puppenähnliche Figur dargestellt und in einem heiligen Schlitten gefahren, der mit Rentierblut geölt wurde. Die Götterfigur der „alten Frau" hat in jedem Familienzelt der Nenzen einen Schlafplatz. Wird ihre Hilfe gebraucht, bringt man ihr Blut und Wodka dar.

Welt aus Vogelmist
Für die Tschuktschen, ebenfalls ein sibirisches Volk, ist ein Rabe der Erschaffer der Welt. Es heißt, er habe sie als Vogelmist ausgeschieden und vom Himmel fallen lassen. In modernen Varianten dieses Schöpfungsmythos lässt der Rabe die Welt als großen Stein aus der Höhe hinabfallen.

Tochter der Sonne
Das Volk der Samen aus Skandinavien verehrt viele Gottheiten, so auch Aknidi, die Tochter der Sonne. Die Samen glauben, dass Aknidi einst unter den Menschen lebte und ihnen Lieder und Fertigkeiten beibrachte. Die Menschen jedoch waren eifersüchtig auf ihre Schönheit und Weisheit und zermalmten sie unter einem Felsen. Seit diesem Tag lebt sie im Himmel.

Sedna war ein wunderschönes Mädchen. Sie lebte bei ihrem Vater und die beiden waren arm, aber glücklich. Sedna war jedoch auch sehr eitel und verbrachte Stunden damit, ihr Spiegelbild im Wasser zu betrachten und ihr langes schwarzes Haar zu kämmen. Sie hatte bereits viele Heiratsanträge abgelehnt, als ihr Vater schließlich zu ihr sagte: „Wir haben kaum noch etwas zu essen und werden verhungern. Du brauchst einen Ehemann, der für dich sorgt. Du wirst den Nächsten nehmen, der dich um deine Hand bittet." Doch Sedna hörte nicht auf ihren Vater und kämmte ihr Haar.

Bald darauf kam ein fremder Jäger ins Dorf. Er hatte sein Gesicht gegen die Kälte verhüllt, doch trug er gute Felle und wirkte wohlhabend. Sednas Vater sagte: „Wenn Ihr auf der Suche nach einer Ehefrau seid, dann lernt meine Tochter kennen." Der Jäger versprach, gut für sie zu sorgen. Obwohl Sedna laut protestierte, wurde sie zum Kajak des Fremden gebracht, um mit ihm nach Hause zu fahren.

Nach vielen Stunden erreichten sie eine Insel, auf der Sedna jedoch weder ein Haus noch ein Zelt entdecken konnte. Alles, was sie sah, waren Felsen. Der Mann lachte und entblößte erstmals sein Gesicht – er war kein Mensch, sondern ein bösartiger Rabe, der sich verkleidet hatte. Sednas Zuhause sollte ein schmutziges Vogelnest aus Haarknäueln und Federn auf einem harten Felsen werden. Der Rabe behandelte Sedna grausam. Er gab ihr nur rohen Fisch zu essen, den er in seinem Schnabel herbeibrachte. Tag für Tag saß das Mädchen weinend auf dem stürmischen Felsen.

Endlich hörte Sednas Vater ihr Wehklagen durch den arktischen Wind und begriff, dass er ihr Leid zugefügt hatte. Er machte sich

Schöpfungsmythen

auf die Suche nach ihr und fand schließlich die Insel. Sedna sprang in sein Kajak und die beiden paddelten davon.

Plötzlich bemerkte Sedna einen schwarzen Fleck am Himmel. Es war der Rabe, der sie zurückholen wollte. Als er näherkam, verscheuchte ihr Vater ihn mit dem Paddel, doch das Tier schlug mit den Flügeln auf das Wasser und verursachte riesige Wellen. Das kleine Kajak wippte bedrohlich auf und ab. In Todesangst warf der Vater Sedna schließlich ins Wasser und rief dem Raben zu: „Nimm sie und lass mich in Ruhe!"

Das verzweifelte Mädchen versuchte sich am Kajak festzuklammern, doch ihr Vater zog ein Messer hervor und schnitt ihr die Finger ab. Als Sednas Finger ins Meer fielen, verwandelten sie sich in Fische, Otter, Seehunde und Wale. Sedna selbst sank zum Meeresboden, doch statt zu sterben wuchs ihr ein Fischschwanz und sie wurde zur Meeresgöttin. (Diese Beschreibung ähnelt den europäischen Erzählungen über Meerjungfrauen – auch das Haarekämmen wird dort oft erwähnt.) Seitdem war es der Zorn Sednas, der die Meere aufwühlte und Stürme hervorrief. Auch wenn ein Fischer erfolglos blieb, wurde es damit erklärt, dass Sedna ihre Wesen nicht freigab.

Sedna bei Laune halten
Als die Nahrung wieder einmal knapp wurde, tauchte ein Schamane hinunter zu Sedna und beruhigte sie, indem er ihr Haar kämmte (ihr selbst fehlten die Finger dafür). Anschließend gestattete Sedna es den Jägern wieder, Seehunde und Otter zu jagen und Fische zu fangen.

GESCHICHTEN ERZÄHLEN

Die Felsmalereien der San aus Südafrika sind Tausende von Jahren alt.

Kaang, der Schöpfergott
Familienstammbaum
Das Volk der San, das der Natur und allem in ihr großen Respekt entgegenbringt, sieht in Kaang den Schöpfergott, den Gott der Natur. In den Mythen der /Xam, einem Zweig der San, ist Kaangs Frau die Mutter der Bienen und ihre gemeinsame Adoptivtochter ist das Stachelschwein, das wiederum mit einem Erdmännchen verheiratet ist.

Lange Erzähltradition
Die Geschichten über Kaang stammen vom Volk der San aus der südafrikanischen Kalahari-Wüste. Die San gelten als eines der ersten Völker, ihre Geschichte reicht über 20 000 Jahre zurück. Sie kamen vor Tausenden von Jahren aus Nordafrika und verbreiteten ihre Geschichten.

Spirituelle Verbindung
Die San sind stark mit der Natur verbunden und glauben, dass in jedem Lebewesen ein Geist wohnt.

Unsterblichkeit
Kaangs Feind ist Gauna, Herr der Toten. Kaang brachte den Menschen Rituale bei, um zu verhindern, dass Gaunas Geist aus den Gräbern steigt und in die Welt strömt. Als die Menschen seine Hilfe ignorierten, stieg er in den Himmel und nahm das Geheimnis der Unsterblichkeit mit sich. Seitdem werden die Menschen vom Tod verfolgt.

Es heißt, Kaang besuche sein Volk in Gestalt einer Gottesanbeterin.

Kaang und der Weltenbaum

Vor langer Zeit lebten die Menschen und Tiere friedlich unter der Erdoberfläche. Es gab zwar keine Sonne, doch sie hatten **Licht**, sie hatten es warm und auch alles andere, was sie brauchten. Alle Lebewesen verstanden sich gut und lebten **glücklich** und zufrieden Seite an Seite.

Eines Tages entschied Kaang, der Schöpfergott, eine andere Welt zu erschaffen. Er formte einen riesigen herrlichen Baum, dessen Äste sich über das gesamte Land erstreckten, und behängte die Zweige mit wundervollen Dingen. Dann grub er ein Loch zu den Menschen und Tieren. Er nahm einen Mann an der Hand und führte ihn hinauf in die neu geschaffene Welt über der Erde.

Als sie sich neben dem Loch niederließen und warteten, erschien eine Frau aus der Erde. Gemeinsam mit dem Mann erkundete sie die neue Welt und beide waren überglücklich über das, was sie sahen. Sie riefen hinunter ins Erdloch, dass die anderen auch heraufkommen sollten. Die Giraffe ging voran und alle Menschen und Tiere folgten ihr. Die Vögel flogen aufgeregt zur Baumkrone hinauf. Die anderen Tiere blickten sich um und waren zufrieden.

Kaang rief alle zu sich und erklärte ihnen die Gesetze der neuen Welt. Er trug ihnen auf, in Frieden miteinander zu leben und einander zuzuhören. Jedoch verbat er ihnen, Feuer zu machen, denn das könne großes Unheil mit sich bringen.

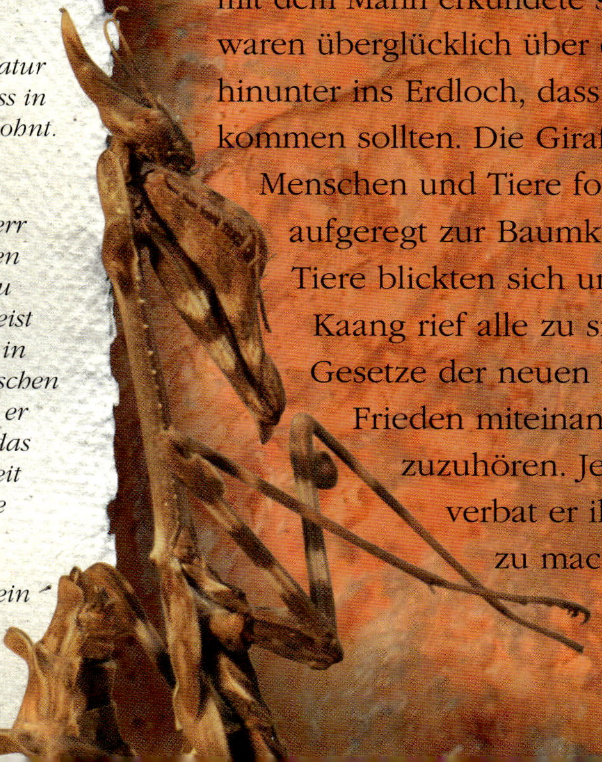

Schöpfungsmythen

Die Menschen versprachen feierlich, sich daran zu halten, und Kaang zog sich an einen Ort zurück, von dem aus er sie heimlich beobachten konnte. Bis zum Sonnenuntergang ging alles gut. Dann wurde es kälter und immer dunkler, bis die Sonne schließlich ganz verschwunden war. Die Menschen begannen sich zu sorgen. Sie hatten keine so guten Augen wie die Tiere und sie froren, weil sie weder ein wärmendes Fell noch Federn besaßen. Würde die Sonne jemals zurückkommen oder würden sie für immer in dieser dunklen kalten Welt festsitzen?

Als sich ihre Sorge in Angst und ihre Angst in Panik verwandelte, rief ein Mann, dass sie Feuer machen müssten. Die Flammen würden ihnen Licht und Wärme geben und ihr Überleben sichern. Die übrigen Menschen waren einverstanden. Sobald das Feuer entfacht war, kamen sie zufrieden zusammen und ließen sich wärmen. Doch als sie sich nach ihren Freunden, den Tieren, umsahen, waren diese nirgendwo zu entdecken – aus Furcht vor den Flammen waren sie in alle Richtungen davongestoben.

„Kommt zurück!", riefen die Menschen, doch die Tiere konnten sie nicht mehr verstehen. Ihr Gebrüll versetzte sie nur noch mehr in Angst und ließ sie noch schneller rennen. Da erinnerten sich die Menschen daran, was Kaang verlangt hatte. Indem sie ihr Versprechen gebrochen hatten, war auch die besondere Beziehung zu den Tieren für immer zerstört worden.

RUND UM DIE WELT

Erste Menschen

Viele Mythen berichten, wie Götter bei der Entstehung der Welt versuchten, das **perfekte** Lebewesen zu erschaffen, und den Menschen aus Holz oder Lehm formten. In anderen Mythen wiederum **reisten** die Menschen selbst von einer Welt zur nächsten, um das ideale Zuhause zu finden.

◄ **Ask und Embla (Skandinavien)**
Die Götter erschufen für die Menschen eine Welt namens Midgard (siehe S. 90) und umgaben sie mit den Augenbrauen des Riesen Ymir. Ask, der Mann, wurde aus Eschenholz geformt, Embla, die Frau, aus einer Ulme. Gott Odin hauchte ihnen Leben ein, seine Brüder Vili und Vé gaben ihnen Gedanken und Gefühle, Augen und Ohren.

▲ **Coyote (Nordamerika)** Die Figur des Coyote (Kojote) taucht in vielen Legenden der Ureinwohner Amerikas als Schöpfergott auf. Es heißt, Coyote habe den Menschen aus einem Truthahn, einem Bussard, einem Raben und aus Krähenfedern erschaffen.

▲ **Schöpfergötter (Maya)** Der uralte Maya-Text *Popol Vuh* berichtet davon, wie die Schöpfergötter zuerst die Tiere schufen. Nachdem diese ihnen aber keine Ehre erwiesen, formten sie Kreaturen aus Lehm, wobei auch diese sich von den Göttern abwandten. Die dritte Lebensform wurde aus Holz geschnitzt, jedoch in einer Flut zerstört. Die vierten und letzten Lebewesen, die Menschen, wurden aus Maismehl geschaffen.

Schöpfungsmythen

▲ **Die Spinnenfrau** (Nordamerika) Einige Indianervölker Nordamerikas – darunter die Hopi, die Navajo und die Cherokee – kennen Legenden über die Spinnenfrau, die den Menschen dabei half, von einer Welt in die nächste zu gelangen.

◄ **Tiki** (Polynesien) In einigen Mythen schuf Tāne, der Gott des Walds, zunächst den Mann, Tiki, und dann die Frau. In anderen war Tiki selbst ein Gott, der den ersten Menschen aus seinem Blut und Lehm mischte.

DURCHBLICK
Mehr über polynesische Götter erfährst du auf S. 22.

▲ **Khnum** (Altes Ägypten) Es heißt, dass Gott Khnum, der Schöpfer der Menschheit, Kinder aus dem Schlamm des Nils formte und sie in den Bauch der Frauen setzte, damit sie geboren würden.

◄ **Nüwa** (China) Die Göttin Nüwa formte die ersten Menschen aus Lehm, weil sie einsam war. Doch dann sah sie, dass ihre Kreaturen alt wurden und starben. Da Nüwa nicht immer wieder neue Menschen erschaffen wollte, schenkte sie ihnen die Fähigkeit, Kinder zu gebären.

▲ **Prometheus** (Altes Griechenland) Zeus beauftragte Prometheus damit, Menschen aus Ton herzustellen, und dessen Bruder Epimetheus, ihnen sinnvolle Fähigkeiten zu geben. Unglücklicherweise hatte Epimetheus, nachdem er mit den Tieren fertig war, nichts Nützliches mehr übrig. So schenkte Prometheus den Menschen den aufrechten Gang und die Fähigkeit, Feuer zu machen (siehe S. 34).

WER IST WER?
Griechische Götter

Die alten Griechen glaubten an zahlreiche **unsterbliche** Gottheiten, die sich für ihren Alltag interessierten und menschliche Gefühle hatten. Das Göttergeschlecht der **Titanen** war eine mächtige Familie, die den Himmel und die Erde beherrschte. Zeus, der oberste Gott, lebte mit seiner Frau und seinen Kindern auf dem Olymp, dem höchsten Berg Griechenlands.

Gaia (Tellus)
Mutter Erde
Aus dem Chaos zu Beginn der Schöpfung geboren, heiratete sie Uranos, ihren ältesten Sohn.

URANOS UND GAIA HATTEN ZWÖLF KINDER, DIE ALS TITANEN BEKANNT WURDEN, DARUNTER AUCH KRONOS UND RHEA.

Kronos (Saturn)
Gott der Zeit
Obwohl der Jüngste der Titanen, wurde er zum Herrscher, nachdem er seinen Vater entmachtet hatte.

Rhea (Kybele)
Mutter der Götter
Sie beschützte ihren Sohn Zeus vor seinem Vater Kronos, der seine anderen Kinder gefressen hatte.

Demeter (Ceres)
Göttin des Ackerbaus
Sie zeigte den Menschen, wie man das Feld bestellt, und wird oft mit Getreideähren dargestellt.

Hera (Juno)
Göttin der Ehe
Schwester und Gattin des Zeus, die oft versuchte, seinen anderen Frauen zu schaden.

Zeus (Jupiter)
Oberster olympischer Gott
Er stürzte Kronos und kam so an die Macht. Zeus kämpfte mit Blitzen gegen seine Feinde.

Poseidon (Neptun)
Gott der Meere
Er lebte in einem Korallenpalast auf dem Meeresboden. Wurde er wütend, kam es zu Seestürmen.

HERA UND ZEUS HATTEN VIER KINDER: ARES, HEBE, HEPHAISTOS UND EILEITHYIA.

ZEUS HATTE AUCH VIELE KINDER MIT ANDEREN FRAUEN, WAS HERA EIFERSÜCHTIG MACHTE.

Ares (Mars)
Gott des Kriegs
Ares war grausam und bei den anderen Göttern nicht beliebt. Manchmal wird er mit einem Geier dargestellt.

Hebe (Iuventas)
Göttin der Jugend
Sie versorgte die Götter mit Nektar und Ambrosia, was diese unsterblich machte.

Hephaistos (Vulcanus)
Gott des Feuers
Der Beschützer der Handwerker wird oft mit einer Axt oder einem Schmiedehammer dargestellt.

Schöpfungsmythen

Uranos (Uranus)
Himmelsvater
Uranos hasste seine Kinder, zu denen die Titanen, die Kyklopen und andere Riesen gehörten.

Kampf der Titanen
Zeus führte einen schrecklichen Kampf gegen seinen Vater Kronos und die anderen Titanen, um selbst mächtigster olympischer Gott zu werden. Seine Mutter, seine Geschwister und einige Riesen standen ihm zur Seite.

Ein antiker griechischer Fries, der den Kampf zwischen Göttern und Riesen zeigt

ALS KRONOS URANOS VERLETZTE, ENTSTIEG APHRODITE DEM MEER AN DER STELLE, WO URANOS BLUT HINGETROPFT WAR.

Von Griechen und Römern
Die Römer verehrten viele Gottheiten aus dem alten Griechenland, gaben ihnen jedoch lateinische Namen (Bezeichnungen in Klammern). Die Römer schrieben „ihren" Göttern ähnliche Eigenschaften zu und erweiterten die Geschichten über sie.

Aphrodite (Venus)
Göttin der Liebe und Schönheit
Die Gattin des Hephaistos wird oft mit einer Zypresse und einer Taube dargestellt.

Hades (Pluto)
Gott der Unterwelt
Er herrschte über das Totenreich und besaß einen Helm, der ihn unsichtbar machte.

Hestia (Vesta)
Göttin des Herdfeuers
Um nach dem Feuer im Berginneren zu sehen, gab sie ihren Platz auf dem Olymp auf.

Apollon (Apollo)
Gott des Lichts, der Heilung und Künste Apollon war Musiker, Dichter und eifriger Jäger und konnte zudem Weissagungen treffen.

Hermes (Mercurius)
Gott des Handels und Beschützer der Reisenden Als Überbringer von Botschaften an die Götter wird er mit geflügeltem Helm und geflügelten Schuhen dargestellt.

Athene (Minerva)
Göttin der Weisheit und des Kriegs In voller Rüstung entsprang sie dem Kopf ihres Vaters Zeus. Ihr Symbol ist die Eule.

Artemis (Diana)
Göttin des Walds und der Jagd
Zusammen mit den Nymphen und wilden Tieren durchstreifte sie die Gebirgswälder.

Dionysos (Bacchus)
Gott des Weins und der Feste
Bacchus galt als Erfinder des Weins. Er konnte fröhlich und gesellig, aber auch grausam und zornig sein.

GESCHICHTEN ERZÄHLEN

Prometheus
Die Titanen
Prometheus stammte aus dem mächtigen Göttergeschlecht der Titanen, dessen Begründer Uranos und Gaia waren (siehe S. 32). Prometheus Eltern hießen Iapetos und Klymene, seine Brüder Atlas, Epimetheus und Menoitios.

Prometheus heiratete Pronoia und sie bekamen Deukalion als Sohn. Deukalion heiratete Phyrrba, die Tochter von Epimetheus und Pandora, der ersten Frau auf der Erde.

Bedeutung der Namen
Der Name Prometheus bedeutet „der Vorausdenkende", der seines Bruders Epimetheus hingegen „der danach Denkende".

Feuer für die Menschen
Als Zeus das Feuer vor den Menschen versteckte, hielt Prometheus den Stängel eines Riesenfenchels in den Himmel, entzündete ihn am Wagen des Sonnengotts Helios und brachte das Feuer zur Erde.

Unsterblichkeit
In einer der griechischen Mythen erlangte Prometheus Unsterblichkeit, weil er dem Kentauren Cheiron half, als dieser von Herakles vergiftetem Pfeil getroffen worden war. Der Halbgott Cheiron litt so schreckliche Schmerzen, dass er seiner Unsterblichkeit zugunsten des Prometheus entsagte. Dieser hatte nämlich Mitleid mit ihm und bot ihm seine eigene Sterblichkeit an.

Wie das Böse in die Welt kam

Die Götter verlangten von den Menschen, ihnen regelmäßig gutes Fleisch als **Opfergabe** darzubringen. Prometheus wollte den Menschen, die er selbst geschaffen hatte, helfen und ermutigte sie, seinen Feind Zeus und die anderen Götter **auszutricksen**.

Die Menschen bereiteten zwei Pakete vor. Das eine bestand aus lauter Knochen und war in Fett gewickelt, das zweite enthielt zwar Fleisch, war aber mit Tiergedärmen verschnürt. Sie brachten beide zu Zeus, der wie erwartet nach dem wertvoller scheinenden Paket mit dem Fett griff.

Nachdem Zeus in seinen Palast zurückgekehrt war, wickelte er die Opfergabe aus und bekam sogleich einen furchtbaren Wutanfall. Wie konnten die Menschen es wagen, ihn derart hinters Licht zu führen! Um sich zu rächen, beschloss er ihnen das Feuer zu entziehen. Nach dem, was vorgefallen war, meinte er, die Menschen seien den Göttern unterlegen und nicht in der Lage, mit einer solch machtvollen Gabe angemessen und weise umzugehen.

Prometheus aber sah dies anders. Aus Mitleid mit den Menschen holte er das Feuer heimlich aus dem Himmel auf die Erde. Er lehrte sie auch, es zum Kochen und Schmieden von Waffen zu benutzen.

Als Zeus dahinterkam, war er außer sich vor Zorn und beschloss Prometheus und die Menschen für ihren Ungehorsam und Betrug zu bestrafen. Prometheus wurde an einen Fels im Kaukasus-Gebirge gekettet. Jeden Tag kam ein Adler vorbei und pickte an seiner Leber, die jede Nacht nachwuchs, nur um tagsüber erneut gefressen zu werden. Prometheus Qualen dauerten Tausende von Jahren, bis Herakles den Adler endlich mit einem Giftpfeil tötete.

Prometheus und der Adler im Kaukasus-Gebirge

Schöpfungsmythen

Ein anderes Ende
In späteren Versionen des Mythos enthielt die Büchse der Pandora alle Güter der Welt. Als sie den Deckel anhob, flogen die guten Gaben zurück zu den Göttern des Olymp, einzig die schlechten Dinge und die Hoffnung blieben in der Welt zurück.

In einigen Versionen der Geschichte schenkt Zeus Pandora eine Büchse.

Um die Menschheit zu bestrafen, schufen die Götter die erste Frau.

Der Gott Hephaistos erschuf sie aus Lehm, Athene erweckte sie zum Leben, Hermes schenkte ihr eine bezaubernde Sprache und lehrte sie die Kunst der Verführung und Aphrodite schenkte ihr Schönheit. Sie nannten sie Pandora, die „Allbegabte", und vermählten sie mit Epimetheus.

Als Pandora die Götter verließ, gab ihr Zeus ein letztes Geschenk: eine fest verschlossene Truhe. Er warnte sie, dass die Truhe zwar ihr gehöre, sie diese aber niemals öffnen dürfe. Doch Pandora war so neugierig, dass sie bald darauf den Deckel anhob. Sofort entwichen Plagen und Leiden und verbreiteten sich in Windeseile in der Welt. Bestürzt schloss Pandora die Truhe wieder, gerade rechtzeitig, bevor auch noch die Hoffnung entweichen konnte.

RUND UM DIE WELT

Die große Flut

Unzufriedene Götter, die mit ihrer **Schöpfung** noch einmal neu beginnen wollten, sandten in alten Mythen häufig gewaltige Überschwemmungen. Einige dieser Flutgeschichten entstanden vermutlich, nachdem man **Fischfossilien** im Gebirge entdeckt hatte.

DURCHBLICK
Mehr über Gilgamesch erfährst du auf S. 126.

▲ **Utnapischtim (Mesopotamien)** Im *Gilgamesch*-Epos gibt es einen Charakter namens Utnapischtim. Diesen warnte ein Gott, dass die anderen Götter eine Überschwemmung planten, da es zu viele Menschen auf der Welt gäbe. Utnapischtim, seine Familie und seine Tiere überlebten den sieben Tage andauernden Sturm und die Flut in einer Arche.

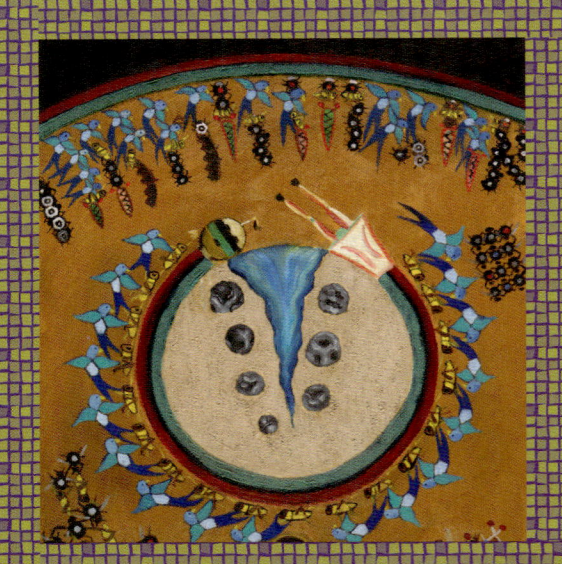

▲ **Die Navajo (Nordamerika)** Der Schöpfungsmythos der Navajo-Indianer berichtet von verschiedenen Welten, die nacheinander geschaffen wurden. Die Menschen betraten die Erste Welt, waren mit dieser aber unzufrieden und liefen weiter. So betraten sie Welt für Welt, bis schließlich eine große Flut kam. Nachdem sich die Menschen auf eine hohe Pflanze gerettet hatten, lag schließlich, als das Wasser zurückging, die schönste, die Fünfte Welt, vor ihnen.

◀ **Chalchiuhtlicue (Azteken)** Chalchiuhtlicue, die aztekische Göttin der Flüsse und Seen, ließ einst eine Flut über die Welt kommen, um alle bösen Menschen loszuwerden. Die Guten verwandelte sie in Fische, sodass diese überlebten.

Schöpfungsmythen

▲ **Wiraqucha** (Inka) Bei den Inka heißt es, die ersten Menschen seien wegen ihrer Hinterhältigkeit in einer Flut ertrunken. Danach formte der Schöpfergott Wiraqucha neue aus Steinen. Als Bettler verkleidet reiste er umher und lehrte diese, anständig zu leben. Als er aber sah, dass sie so bösartig waren wie die ersten, weinte er.

▶ **Zeus** (Altes Griechenland) Zeus war erbost über die Menschen, die er erschaffen hatte, und wollte sie durch eine Flut vernichten. Prometheus aber warnte seinen Sohn Deukalion und dessen Frau Pyrrha, weshalb sie in einem hölzernen Kahn überlebten.

▲ **Vishnu** (Indien) Manu, der in Indien als Stammvater der Menschen gilt, badete in einem Fluss, als ein Fisch ihn um Rettung bat. Manu kümmerte sich um den Fisch, der größer und größer wurde, bis er sich schließlich als Gott Vishnu zu erkennen gab. Er warnte Manu vor der großen Flut und half ihm, sich auf ein Boot mit Nahrung und Heilkräutern zu retten.

◀ **Noah** (Naher Osten) Die Geschichte von Noahs Arche und der Sintflut taucht in jüdischen, islamischen und christlichen Texten auf. Die 40-tägige Flut war eine Strafe für die Sünden der Menschen. Noah wurde gerettet, weil er der letzte rechtschaffene Mann auf Erden war. Nach der Flut versprach Gott, nie wieder Lebewesen auszulöschen.

GESCHICHTEN ERZÄHLEN

Götter Mexikos
Familienstammbaum
Ometeotl, allumfassender Gott der aztekischen Mythen, war als göttliches Paar gedacht, mit einem männlichen Teil, Ometecutli, und einem weiblichen, Omecihuatl. Er hatte vier Nachkommen: Huitzilopochtli (Sonnengott), Quetzalcoatl (Gott des Winds), Tezcatlipoca (Gott der Nacht) und Xipe Totec (Fruchtbarkeitsgott).

Bedeutung des Namens
Quetzal ist der Name eines zentralamerikanischen Vogels mit grünem Gefieder. Das Wort wird auch benutzt, um „gefiedert" oder „wertvoll" zu umschreiben. Coatl bedeutet „Schlange", aber auch „Zwilling".

Mexikos Schöpfergott
Der gefiederte Schlangengott Quetzalcoatl wurde vor Tausenden von Jahren in Mexiko verehrt. Die Tempelfiguren aus der Olmekenkultur sind 3500 Jahre alt. Die Maya in Südmexiko verehrten einen ähnlichen Schlangenvogel namens Kukulkan.

Legendärer Herrscher
Es wird vermutet, dass der Gott Quetzalcoatl ein realer Herrscher der Toltekenkultur namens Topiltzin war.

Der Aztekenkönig Moctezuma tauscht Geschenke mit Cortés aus.

Die Ankunft der Spanier
Als die Spanier Mexiko erreichten, hieß der Aztekenherrscher Moctezuma ihren Anführer Hernán Cortés begeistert willkommen. Er dachte, es wäre Quetzalcoatl, der zurückgekehrt wäre, um sein Volk zu retten.

Quetzalcoatl und Tezcatlipoca

Nachdem er mehrere Welten nacheinander geschaffen hatte, war der Schöpfergott Quetzalcoatl schließlich mit der fünften zufrieden. Er verwandelte sich in einen Menschen und wurde Priesterkönig in der Toltekenstadt Tula. Als **fähiger** Herrscher brachte er seinem Volk vieles bei: Er unterwies es im Anbau von Mais, in der Weberei, im Schreiben, Musizieren, Tanz und in der Kunst. Quetzalcoatl schaffte die Menschenopfer ab und **regierte weise** und gerecht.

Doch Quetzalcoatl war nicht der einzige Gott. Neben ihm gab es Tezcatlipoca, seinen Bruder. Dieser verachtete Quetzalcoatl und seine Gerechtigkeit und war eifersüchtig auf die Macht, die dieser über sein Volk hatte. Tezcatlipoca begann, sich einen Plan auszudenken, wie er Quetzalcoatl zu Fall bringen könnte.

Der gute Gott Quetzalcoatl wird oft mit Schlangen und Federn dargestellt.

Eines Tages besuchte er Quetzalcoatl in Gestalt eines alten Manns und schenkte ihm einen Zaubertrank. Er versprach ihm, der Trank würde ihn jünger und kraftvoller machen. Quetzalcoatl trank, nicht ahnend, dass es sich bei der Flüssigkeit um ganz gewöhnlichen Alkohol handelte, der ihn bald ziemlich betrunken machte.

Tezcatlipoca nutzte diesen Zustand seines Bruders aus und zeigte ihm ein Bild von sich selbst, behauptete aber, es wäre ein Spiegel. In der Annahme, er erblickte sein Spiegelbild, war Quetzalcoatl bestürzt darüber, so alt und gebrechlich auszusehen. Hilflos und verwirrt stand er dabei, als Tezcatlipoca all das zerstörte, was er seinem Volk geschenkt hatte: den Mais, die Musik und die Künste. Schließlich vernichtete Tezcatlipoca selbst die Menschen.

Gut gegen Böse
Der ewige Kampf Gut gegen Böse ist ein Thema, das sich durch Mythen aus der ganzen Welt zieht. Im Nahen Osten erzählt man sich von einem Streit zwischen dem Schöpfergeist Spenta Mainyu und dem Zerstörer Angra Mainyu. In Nordamerika kennen die Irokesen, die Mohawk und die Huron Geschichten von ungleichen Schöpferzwillingen, die im ständigen Kampf miteinander standen.

Der böse Gott Tezcatlipoca

LASS DIE PUPPEN TANZEN

Mit diesen farbenprächtigen Stielpuppen kannst du die Geschichte nacherzählen. Pause die Figuren auf dieser Seite ab und male sie aus. Klebe das Pauspapier auf Karton, schneide die Formen aus und befestige sie an Stöckchen.

Als Quetzalcoatl wieder nüchtern war, brannte er seinen Palast nieder und befahl den Vögeln, das Land zu verlassen. Anschließend baute er ein Floß aus Schlangen und steuerte den Atlantischen Ozean an. Als er der Sonne entgegentrieb, zerstörte die Hitze seinen Körper. Sein Herz aber stieg auf und wurde zum Planeten Venus, dem Morgenstern.

Tezcatlipoca hatte bekommen, was er wollte, und seinen Bruder vernichtet. Doch Quetzalcoatl hatte noch geschworen, eines Tages zurückzukehren und ein friedliches und zufriedenes Königreich zu regieren.

WER IST WER?

Ägyptens Götter

Die alten Ägypter kannten über **2000** Gottheiten. Einige wurden im ganzen Land verehrt, andere waren nur für bestimmte Regionen von Bedeutung. Die Ägypter hatten großen **Respekt** vor bösen Geistern und der Unzufriedenheit der Götter. Sie glaubten, dass diese **jeden Bereich** ihres Lebens direkt beeinflussen könnten.

Der erste Pharao

Die Menschen im alten Ägypten glaubten, dass ihre Herrscher – wie beispielsweise Narmer (oben) – halb Mensch und halb Gott waren sowie direkte Nachkommen des Sonnengotts Re. Re hatte Menschengestalt angenommen und wurde der erste Pharao. Isis stahl Re die Magie, um so Herrscherin über die Welt zu werden. Ihr Sohn Horus war Gott des Himmels und der Welt, ihr Mann Osiris Gott des Jenseits und der Unterwelt.

Atum-Re
Schöpfer- und Sonnengott

Er war die große altägyptische Urgottheit und ein Lichtgott, der als Sonne selbst das Leben in sich trug. Aus ihm ging alles hervor und er benannte alles, was war.

Tefnut
Göttin des Feuers

Sie soll ein furchtbares Unwetter, das 2200 v. Chr. Ägypten verwüstete, verursacht haben, weil sie sich mit Schu gestritten hatte. Tefnut verließ das Land und vernichtete jeden, der ihr zu nahe kam. Auf Darstellungen hat sie meist einen Löwenkopf.

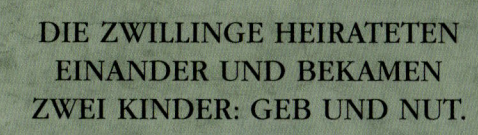

Nut
Göttin des Himmels

Diese Göttin galt als Beschützerin der Toten. Nachdem diese das Jenseits betreten hatten, erschienen sie als Sterne auf ihrem Körper. Auf Darstellungen spannt sie – der Himmel – sich schützend und bogenförmig über den Erdgott Geb. Ihr Vater Schu, der Gott der Lüfte, stützt sie dabei.

AUS ATUM-RE GINGEN DIE ZWEI GESCHLECHTER HERVOR – IN GESTALT SEINER TOCHTER TEFNUT UND SEINES SOHNS SCHU.

DIE ZWILLINGE HEIRATETEN EINANDER UND BEKAMEN ZWEI KINDER: GEB UND NUT.

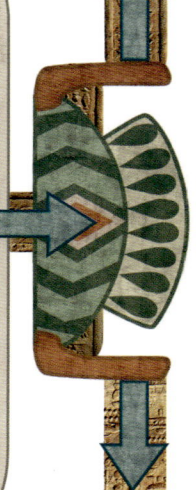

Schu
Gott der Lüfte

Schu wurde dafür verantwortlich gemacht, jeden Morgen aufs Neue die Sonne zum Leben zu erwecken und einen Raum aufzuspannen, der Leben ermöglicht. Er wurde häufig in Gestalt eines Löwen dargestellt und verehrt.

Geb Gott der Erde

Er wird am Boden liegend und mit nach oben gestrecktem Arm und Knie dargestellt. So symbolisiert er die Berge und Täler. Die alten Ägypter glaubten, dass sein Lachen Erdbeben erzeuge.

Sein Körper war mit dem fruchtbaren schwarzen Schlamm von den Ufern des Nils bedeckt.

GEB UND NUT HATTEN VIER KINDER: OSIRIS, ISIS, NEPHTHYS UND SETH.

Seth
Gott des Chaos und des Verderbens

Dieser mächtige Gott tötete seinen Bruder, um die Macht in Ägypten zu erlangen. Er gilt auch als Wüstengott und Beschützer der Oasen.

Seth wird mit dem Kopf eines unbekannten Wesens dargestellt.

Nephthys
Geburts- und Totengöttin sowie Beschützerin des Pharao

Nephthys tröstete die Trauernden und begleitete die Toten in die Unterwelt.

Sie wurde oft mit ausgestreckten Habichtsflügeln dargestellt, ein Symbol für Schutz.

Osiris
Gott des Jenseits

Er wurde von seinem Bruder Seth getötet, doch Isis, seine Frau, konnte ihn durch einen Zauber wieder zum Leben erwecken.

Er wurde als menschliche Mumie dargestellt und hält einen Krummstab und einen Dreschflegel. Manchmal trägt er eine Königskrone.

Anubis
Gott der Totenriten

Zunächst war er der Gott des Jenseits, wurde dann aber durch Osiris ersetzt und galt später als Führer der Toten in die Unterwelt.

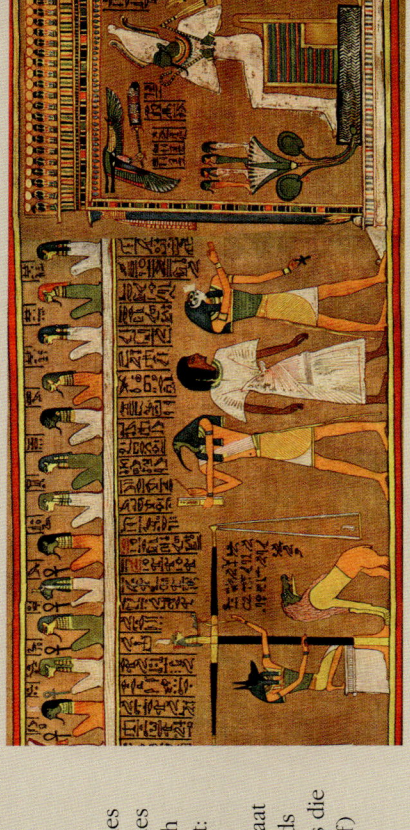

Er hatte den Kopf eines Schakals, eines Tiers, das im Dunkeln lauert und sich bei Gräbern herumtreibt.

OSIRIS WURDE VON NEPHTHYS VERFÜHRT UND SIE BEKAMEN EIN KIND: ANUBIS

Isis
Göttin der Magie und der Liebe

Als Frau des Osiris und Mutter des Horus gehörte sie zu den bekanntesten und wichtigsten Göttinnen des alten Ägyptens. Isis besaß Zauberkräfte.

Auf Darstellungen sitzt sie oft auf einem Thron.

ISIS UND OSIRIS HEIRATETEN UND HATTEN EIN GEMEINSAMES KIND: HORUS

Horus
Himmels- und Weltengott, Beschützer der Kinder

Jeder neue Pharao wurde als eine weitere Gestalt des Gottes Horus angesehen. Der Falke war sein Symbol.

Eines seiner Augen war die Sonne, das andere der Mond, da dieses im Kampf mit Seth geschwächt worden war.

Das Totenbuch – die Gerichtsszene

Im alten Ägypten wurde in den Sarg (Sarkophag) eines Toten oft ein Buch gelegt, das Bilder von der Reise des Toten ins Jenseits enthielt. Diese Szene aus dem Buch eines Mannes namens Hunefer zeigt das Totengericht: Anubis, der Gott der Totenriten, wiegt das Herz des Verstorbenen gegen die Feder der Wahrheitsgöttin Maat auf. Das Ergebnis wird von Thot, dem Gott des Monds und der Schreiber, notiert. War das Herz schwerer als die Feder, durfte die Dämonin Ammit (mit Krokodilskopf) den Toten fressen.

GESCHICHTEN ERZÄHLEN

Persephone
Fruchtbarkeitsgöttin
Persephone (in der römischen Mythologie heißt sie Proserpina) war die Tochter von Demeter, der Göttin des Ackerbaus, und Zeus, dem obersten Gott des Olymp. Sie wurde im alten Griechenland als Göttin der Fruchtbarkeit (des Frühlings), aber auch der Unterwelt verehrt.

Aberglaube
Als sie aus der Unterwelt zurückkehrte, glaubte man, die Nennung ihres Namens bringe Unglück. Sie wurde nur noch Kore („Mädchen") genannt.

Persephone hält einen Granatapfel in der Hand – ein Symbol ihrer Bindung an Hades.

Demeter
Göttin des Ackerbaus
Demeter (in der römischen Mythologie: Ceres) wird oft mit einem Gesichtsschleier und Getreideähren dargestellt, die für fruchtbaren Ackerboden stehen. Manchmal ist sie auch mit einer Fackel zu sehen, ein Symbol ihrer Wachsamkeit auf der Suche nach ihrer Tochter Persephone. Wer Demeter verehrte, hoffte ebenfalls auf Unsterblichkeit.

Nymphen
Die Verwandlung in Sirenen
Ovid, einem römischen Dichter, zufolge zürnte Demeter den Nymphen, weil diese ihre Tochter nicht gerettet hatten. Sie verwandelte sie in Vogelfrauen, die Sirenen, und schickte sie auf die Suche nach ihr. Die Sirenen riefen singend nach Persephone.

Wie die Jahreszeiten entstanden

Die griechische Göttin Demeter hatte eine **wunderschöne Tochter** namens Persephone. Ihr Haar war golden wie reife Ähren und ihre Haut so blass wie das Mondlicht. Viele Götter des Olymp fanden Gefallen an dem Mädchen, bis Demeter es schließlich versteckte.

Eines Tages spielte Persephone mit einigen Nymphen, als plötzlich ein Riss durch den Boden ging und eine schreckliche Gestalt auf einer Kutsche erschien. Ohne Persephone und Demeter in Kenntnis zu setzen, hatte Zeus seine Tochter Hades, dem Gott der Unterwelt, versprochen. Nun war Hades gekommen, um seine Braut zu holen. Im nächsten Augenblick hatte er Persephone gepackt und sie in seinen dunklen Palast tief unter der Erde gebracht.

Schöpfungsmythen

Als Demeter erfuhr, dass ihre Tochter entführt worden war, war sie bestürzt. Sie suchte überall nach Persephone und vergaß über ihrem Kummer, sich um die Pflanzen und die Felder zu kümmern. Das Korn verdarb und das Land lag ausgedörrt und kahl da. Schließlich hatte die Sonne Mitleid und verriet ihr, dass Hades Persephone geraubt hatte. Da brach Demeter weinend zusammen.

Zeus war durch den Schaden, den das Land durch Demeters Trauer genommen hatte, in Sorge. Er sandte Hermes in die Unterwelt, um Persephone zurückzuholen. Solange sie dort nichts gegessen hatte, würde sie wieder zurück auf die Erde kommen können.

Der durchtriebene Hades stimmte zu, Persephone gehen zu lassen, ließ sie jedoch zuvor von einem Granatapfel kosten. Dann verkündete er, dass sie nun, nach dem ersten Bissen, für immer an die Unterwelt gebunden sei. Acht Monate dürfe sie zu ihrer Mutter auf die Erde zurückkehren, für den Rest des Jahrs aber sei sie die Göttin der Unterwelt.

Während Persephone bei Demeter weilte, war die Welt schön, grün und voller Leben, doch sobald sie in die Unterwelt zurückkehrte, wandte sich ihre Mutter vor Kummer von den Pflanzen ab und versagte ihnen zu wachsen. So entstanden die vier Jahreszeiten Frühling, Sommer, Herbst und Winter.

Während des Frühlings und Sommers ist Persephone mit ihrer Mutter zusammen, den Herbst und Winter muss sie bei Hades (in der römischen Mythologie: Pluto) verbringen.

Jahreszeiten-Mythen

Viele Kulturen kennen Mythen, in denen Götter – entsprechend den Jahreszeiten – aus der Unterwelt kommen und wieder hintersteigen. In den Mythen Mesopotamiens blieb der Fruchtbarkeitsgott Dumuzi in der Unterwelt, damit seine Frau Inanna (auch mit Ischtar gleichgesetzt, siehe S. 45) auf die Erde zurückkehren konnte. Dumuzis Schwester nahm sechs Monate im Jahr seinen Platz ein, sodass er Inanna besuchen konnte.

Wenn Inanna ohne ihren Mann auf der Erde weilte, herrschte Herbst und Winter. Kehrte er auf die Erde zurück, kamen der Frühling und der Sommer.

RUND UM DIE WELT

Die Unterwelt

Unter der Welt der Lebenden lag für viele Kulturen die **Unterwelt**, in der die **Seelen** der Verstorbenen hausten. In einigen Mythen war es der Ort, aus dem das Leben hervorging und zu dem es wieder zurückkehrte. In anderen galt die Unterwelt als Ort der **Bestrafung** für schlechte Menschen. Wesen mit übernatürlichen Kräften wachten über diese dunkle Welt.

▲ **Yama (Südostasien)** Der Todesgott Yama zog die Seele des Toten mit einem Seil aus dem Körper. Je nachdem, wie schwer dessen Sünden wogen, kam der Verstorbene an einen Ort der Glückseligkeit oder in eine der zahlreichen Höllen.

▲ **Apophis (Altes Ägypten)** Die Toten wurden mit Zaubersprüchen begraben, um ihre Seelen vor Apophis, dem Gott der Finsternis, zu schützen. Er lebte als Schlange in der Unterwelt, wobei der Sonnengott Re diese Schlange jeden Morgen besiegte, um die Zerstörung der Welt durch Finsternis zu verhindern.

◀ **Kerberos (Altes Griechenland)** Der dreiköpfige, zähnefletschende Höllenhund gehörte zu Hades, dem Gott der Unterwelt (siehe S. 42–43). Er bewachte ihren Ausgang und hielt jede Seele auf, die zu fliehen versuchte.

Schöpfungsmythen

◀ **Kurnugia,**
Babylon (heute Irak)
In der Unterwelt Kurnugia lebten die Seelen der Toten und blasse, bluttrinkende Dämonen. Sie griffen die Göttin Ischtar (oft gleichgesetzt mit Inanna, siehe S. 43) an, als diese ihre Schwester Ereschkigal, die Herrscherin der Unterwelt, besuchte.

▶ **Mictlantecuhtli**
(Azteken) Der Gott des Todes lebte in Mictlan, dem tiefsten Bereich des Totenreichs. Seelen, die nicht sofort ins Paradies gelangten, mussten durch neun Höllen gehen, um es zu erreichen.

▶ **Tartaros (Altes Griechenland)** Die Seelen der Toten, die besonders schwer gesündigt hatten, wurden zur angemessenen Bestrafung an die tiefste Stelle der Unterwelt, den Tartaros, verbannt. So wurde König Ixion dort an ein sich ewig drehendes Feuerrad gebunden, weil er seinen Schwiegervater getötet und Zeus verärgert hatte.

▶ **P'an Kuan**
(China) P'an Kuan war der Wächter am Tor zur Unterwelt. Er schrieb auf, wie die Toten sich im Leben verhalten hatten, und besprach dann mit Yen-lo, dem Herrscher der Unterwelt, ob sie dafür bestraft oder belohnt werden sollten.

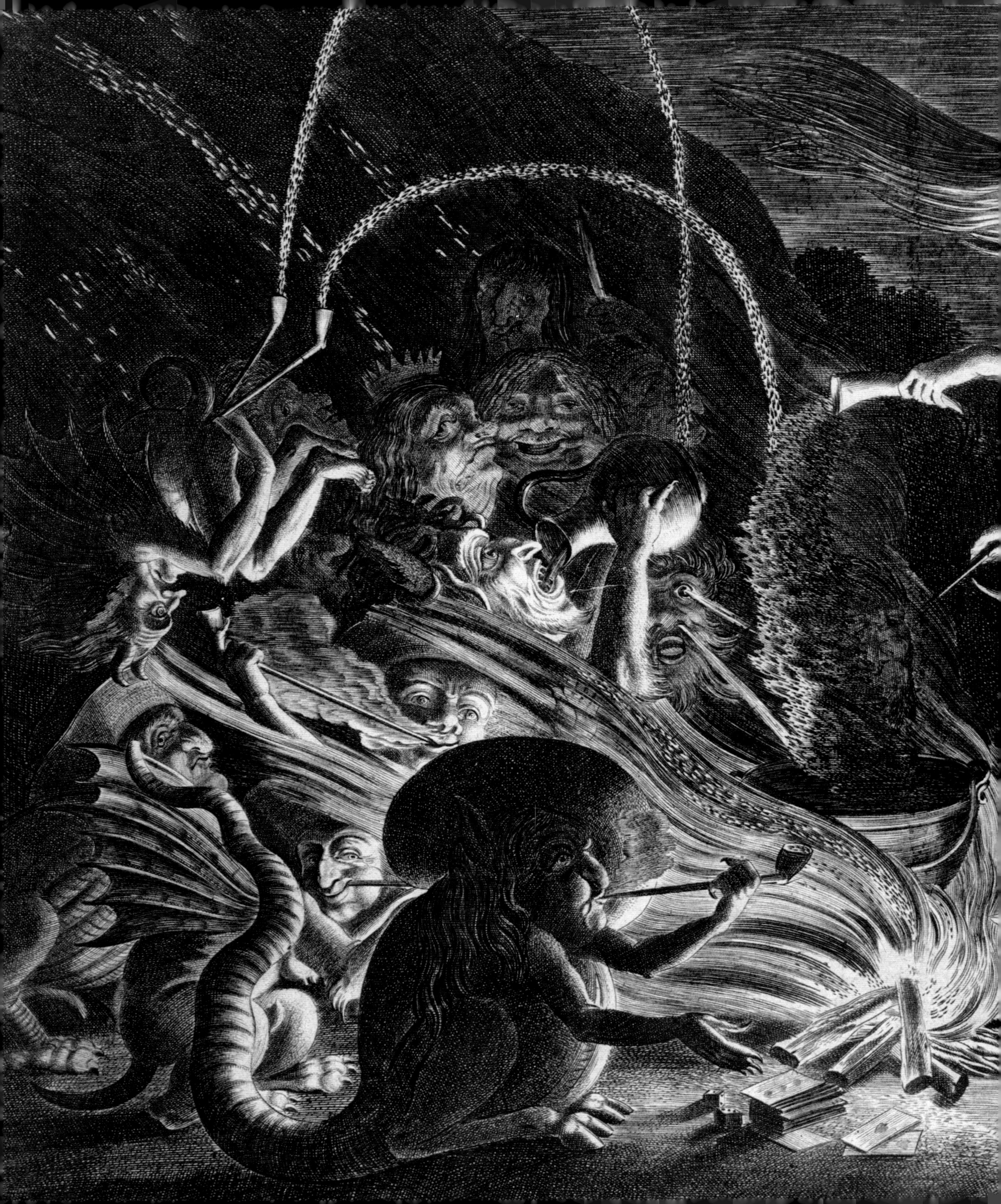

Magische Kreaturen

Schon immer haben die Menschen nach Erklärungen für das Unerklärliche gesucht. Waren es übernatürliche Kreaturen, Zauberwesen und Götter, die sie beschützten, bestraften oder Unglück brachten? Warum gab es das Gute und das Böse?

Die Radierung Eine Hexe an ihrem Zauberkessel *von Jan van de Velde aus dem Jahr 1626*

RUND UM DIE WELT

Riesen

Die **gewaltigen Gesellen** finden sich in Mythen aus allen Erdteilen. Mit ihrem beeindruckenden Äußeren, ihrer **Stärke** und ihrer Urtümlichkeit waren sie eine Herausforderung für jeden Helden.

▶ **Rübezahl**
(Riesengebirge) Im deutschsprachigen Raum kennt man die Sage um den Berggeist Rübezahl. Er lebte im Riesengebirge und führte häufig Wanderer in die Irre. Bösen Menschen gegenüber war Rübezahl rachsüchtig und ließ schlimme Unwetter aufziehen. Zu guten Menschen hingegen war er freundlich.

▲ **Bran, der Gesegnete** (Wales) Der gutmütige König von Wales rettete sein Land vor dem Überfall der Iren, nachdem die Ehe seiner Schwester mit dem irischen König gescheitert war. Nach Brans Tod soll sich sein Kopf noch mit einigen seiner Krieger unterhalten haben.

▲ **Polyphem** (Altes Griechenland) Der einäugige Riese (Kyklop) war Schafhirte und fraß sehr gern Menschenfleisch. Er fing den griechischen Helden Odysseus, der aber entkam, indem er Polyphem mit einem Pfahl ins Auge stach.

▲ **Hiranyakashipu** (Indien) Dieser furchterregende Dämon war einer der Riesen, die den Devas, den Hindugöttern, ihre Macht rauben wollten (siehe S. 98).

◀ **Ymir**
(Skandinavien) Ymir, der erste Urzeitriese, wurde von Odin und seinen Brüdern getötet. Aus seinem Leib erschufen sie Midgard (die Welt). Ymirs Fleisch wurde zu Erde, aus seinem Blut entstanden Flüsse und Seen, aus seinen Haaren sprossen Bäume und die Knochen formten Berge.

▶ **Hans und die Bohnenranke** (England)
„Ich rieche Menschenfleisch!" – So lautet der berühmte Ausspruch des Furcht einflößenden Riesen aus der Erzählung *Hans und die Bohnenranke*. Menschenfressende Riesen kommen aber auch in Mythen aus Frankreich und Skandinavien vor.

▲ **Trolle** (Skandinavien) Im Norden Europas existierten viele Mythen über hässliche und brutale Trolle, die in Gebirgshöhlen hausten. Bei markanten Felsformationen soll es sich um Trolle handeln, die zu Stein wurden, als sie ans Tageslicht traten.

IM PORTRÄT

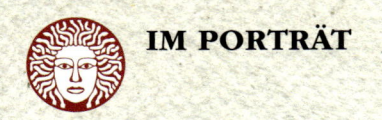

Biografie
Kirke, die Zauberin

Familienstammbaum
Kirke war die Tochter des Sonnengotts Helios und Perse, einer der 3000 Meeresnymphen. Sie war die Schwester von Aietes, dem Besitzer des Goldenen Vlieses (siehe S. 114), und von Pasiphae, der Frau des kretischen Königs Minos und Mutter des Minotauros (siehe S. 108).

Noch mehr Familienmitglieder
Kirke schickte ihren Sohn Telegonos auf die Suche nach seinem Vater Odysseus. Telegonos jedoch tötete diesen versehentlich und heiratete dessen Witwe Penelope. Kirke vermählte sich mit einem der Söhne von Odysseus und Penelope – Telemachos.

Inselleben
Dem Mythos nach lebte Kirke auf der Insel Aiaia, die tatsächlich wohl keine richtige Insel, sondern der Monte Circeo, ein Inselberg vor der Westküste Italiens, war.

Ihr Palast stand auf einer Lichtung inmitten eines dichten Walds. Über das Grundstück streiften Löwen, Bären und Wölfe, die aber nicht gefährlich waren, da Kirke sie mit einem Zaubertrank gezähmt hatte.

Zeitvertreib
Ihre liebste Beschäftigung bestand darin, zarte glänzende Stoffe auf dem Webstuhl herzustellen und dabei wunderschön zu singen.

Magie
Kirkes Zauberkräfte waren so groß, dass sie den Himmel verdunkeln konnte, indem sie den Mond oder die Sonne bewegte.

Kirke, *die Zauberin*

Kirke konnte machtvolle Götter um sich sammeln, die ihr bei ihren Zauberkünsten zur Seite standen, darunter Nyx, die Göttin der Nacht, und Hekate, eine weitere Göttin der Magie.

Kirke war eine **mächtige Magierin**, die ihre Feinde in Tiere verwandeln und die Natur mit **Zaubersprüchen** beherrschen konnte. Sie spielt eine wichtige Rolle in den Geschichten über die Abenteuer des Odysseus, die der antike griechische Dichter Homer in einem Epos beschrieb.

Bezaubernd

In Homers Epos, der *Odyssee*, landete Odysseus nach einer Irrfahrt über die Meere auf Kirkes Insel. Als seine Mannschaft ihren Palast betrat, verabreichte Kirke den Männern heimlich einen Zaubertrank, der sie in Schweine verwandelte. Auf der Suche nach seinen Gefährten traf Odysseus den Götterboten Hermes. Er gab Odysseus ein Kraut, das die Wirkung von Kirkes Zaubertrank verhindern sollte, und außerdem einige Ratschläge, wie er die Magierin besänftigen könne. Tatsächlich verwandelte Kirke die Schweine wieder in Männer und die Mannschaft blieb über ein Jahr auf ihrer Insel, bis sie die Reise fortsetzte.

Magische Kreaturen

Aus Kräutern braute Kirke einen Zaubertrank.

Zahme Wildtiere streiften durch den Palast und die umliegenden Gärten. Sie begrüßten Besucher, indem sie mit dem Schwanz wedelten.

Edmund Dulac

GESCHICHTEN ERZÄHLEN

Kirke lässt Odysseus ziehen und verrät ihm, wie er die vor ihm liegenden Gefahren meistern kann.

Odysseus, der Held
Familienstammbaum
Odysseus war der Sohn von Laertes und Antikleia, dem König und der Königin von Ithaka. Später wurde er selbst König und heiratete Penelope, die Cousine der Helena aus Troja. Odysseus und Penelope hatten einen Sohn – Telemachos.

Tapferer Bursche
Odysseus erprobte seine Tauglichkeit zum Helden im Trojanischen Krieg (siehe S. 112) und erwies sich als geschickter Krieger.

Die Odyssee
Die Odyssee ist ein Epos – eine lange Erzählung in Versform – des griechischen Dichters Homer. Sie griff die Ereignisse auf, die sich nach dem Ende des Trojanischen Kriegs zugetragen hatten, als Odysseus sich auf den Heimweg zu Frau und Sohn machte. Er ahnte nicht, dass seine Rückfahrt zehn Jahre dauern sollte. Odysseus musste viele Abenteuer bestehen, etwa mit dem Meeresgott Poseidon (Neptun) (siehe S. 32).

Eine lange Reise
Auf seiner Schiffsreise musste Odysseus sich mit Meeresstürmen, einem einäugigen Kyklopen, riesigen Menschenfressern und der Zauberin Kirke (siehe S. 50) auseinandersetzen. Diese Abenteuer kosteten den Helden fast all seine zwölf Schiffe und ließen ihn erst mit zehnjähriger Verspätung nach Hause zurückkehren.

Odysseus und die Sirenen

Auf **Kirkes Insel** besuchte Odysseus den blinden Propheten Teiresias in der Unterwelt. Der verkündete ihm, dass noch mehr **Gefahren** lauerten, er aber erst im hohen Alter sterben würde. Odysseus begegnete auch dem Geist seiner Mutter. Sie warnte ihn, dass seine Familie in Gefahr sei.

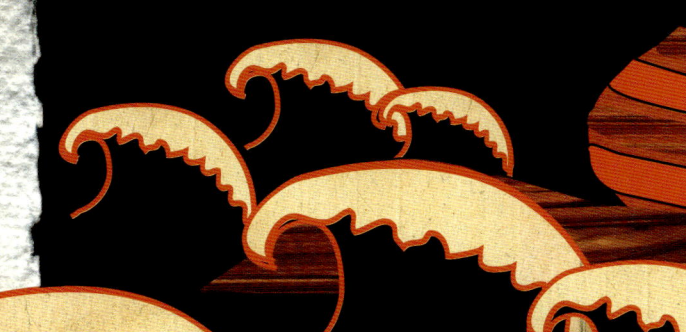

Odysseus setzte sogleich die Segel, um nach Hause zu fahren. Kirke aber eröffnete ihm, dass er zunächst an den Sirenen vorbeimüsse, Meereskreaturen, die Seefahrer durch ihren betörenden Gesang ins Verderben führten. Odysseus befahl seiner Mannschaft sich Bienenwachs in die Ohren zu stopfen. Da er selbst aber neugierig auf den Gesang der Sirenen war, ließ er sich an den Schiffsmast binden und verbot seinen Gefährten, ihn zu befreien, wie sehr er auch darum betteln sollte.

Odysseus hatte gut daran getan, seinen Männern die Ohren zu verstopfen. Die Sirenengesänge waren verführerisch schön und unwiderstehlich. Daher versuchte Odysseus freizukommen und befahl, dass man ihn losbinde, doch die Seeleute fesselten ihn nur noch fester an den Mast. Schließlich hatten sie die Insel der Sirenen hinter sich gelassen und waren in Sicherheit.

Bald darauf erreichten die Schiffe eine Meerenge mit hohen Klippen an beiden Ufern. Dort lebten die Seeungeheuer Skylla und Charybdis mit ihren gefährlichen Strudeln. Kirke hatte Odysseus geraten, so schnell wie möglich vorbeizusegeln, doch Odysseus wollte mit den Wesen kämpfen. Schließlich starben sechs seiner Seeleute.

Zuletzt landete Odysseus mit seiner Mannschaft auf der Insel Thrinakia. Er untersagte seinen Männern, eines der dort weidenden Tiere zu berühren, da sie dem Sonnengott Helios gehörten. Doch als er eingeschlafen war, ignorierten die Männer seinen Befehl und schlachteten Stiere. Zur Strafe ließ Zeus, sobald die Mannschaft wieder Segel gesetzt hatte, Blitze in die Schiffe fahren. Alle außer Odysseus ertranken.

Magische Kreaturen

ZEICHNE EINEN COMICSTRIP
Male in jeden Bildrahmen eine der Stationen von Odysseus Reise. Füge in Sprechblasen seine Reaktionen oder die seiner Mannschaft auf die Abenteuer hinzu und nimm zum Ausmalen kräftige Farben, damit der Comic ein echter Hingucker wird.

Nymphen und Nixen
Nymphenähnliche Kreaturen kommen in vielen Mythen vor. Am Ufer des Flusses Rhein saß der Legende nach die Nixe Loreley, die mit ihrem Gesang und ihrer Schönheit die Aufmerksamkeit der Schiffer so auf sich zog, dass ihre Boote an den Felsen zerschellten. Die schöne Huldra aus den skandinavischen Wäldern besaß einen Tierschwanz und lockte Reisende in den Tod.

RUND UM DIE WELT

Wandelbar

In Mythen können Götter, Sterbliche und auch Tiere gelegentlich eine **andere Gestalt** annehmen. Dies dient dazu, andere auszutricksen oder zu **täuschen**, aber auch, sich vor anderen zu verstecken und so zu schützen.

▶ **Re (Altes Ägypten)**
Ägyptische Götter wurden häufig mit Tierköpfen dargestellt, um eine bestimmte Wesensart hervorzuheben. Den Sonnengott Re brachte man mit dem Skarabäus in Verbindung, einem Käfer, dessen glänzende Flügeldecken und runde Körperform an die Sonne erinnerten.

▲ **Melusine (Frankreich)** Ein wunderschönes Wesen, halb Frau, halb Fisch, heiratete einen Menschen. Der Mann musste versprechen, Melusine nicht anzusehen, wenn sie sich einmal in der Woche verwandelte. Eines Tages jedoch erblickte er ihren Fischschwanz. Beschämt floh Melusine und wurde nie wieder gesehen.

◀ **Wassergeister (Skandinavien)** Diese Wesen der nordischen Mythologie sollen sich in prachtvolle weiße Pferde verwandelt haben, um Menschen anzulocken. Sobald diese auf ihrem Rücken saßen, galoppierten die vermeintlichen Pferde zurück ins Wasser und ertränkten die Menschen.

DURCHBLICK
Mehr über Wassergeister erfährst du auf S. 60.

Magische Kreaturen

▲ **Lumaluma** (Australien) In den Mythen des Aborigine-Volks der Yolngu wird von einem Wal berichtet, der menschliche Gestalt annahm. Er reiste durch das Land, um den Menschen heilige Rituale beizubringen, jedoch hatte er einen solchen Hunger, dass er alles auffraß, was er finden konnte. Die Menschen schlossen sich schließlich zusammen, um ihn wegen seiner Gier zu töten.

◀ **Proteus** (Altes Griechenland) Als Sohn des griechischen Titanen Okeanos hatte Proteus die Fähigkeit, die Zukunft vorherzusagen. Oft verwandelte er sich jedoch in ein Tier, um den drängenden Fragen der Menschen zu entgehen. Hier versucht ihn die Wassernymphe Kyrene mit einem Speer zu einer Voraussage zu bringen.

◀ **Kitsune** (Japan) Kitsune sind intelligente fuchsartige Geister mit Zauberkräften. Einmal verliebte sich eine Kitsune in Menschengestalt in einen Mensch und heiratete ihn. Der Hund ihres Mannes roch, dass sie nicht menschlich war, und griff sie immer wieder an. Schließlich verwandelte sie sich zurück in eine Füchsin und floh.

▶ **Selkie** (Nordeuropa) Selkies sind seehundähnliche Wesen, die ihre Haut abwerfen und zu Menschen werden können. Wenn die Seehundhaut eines Selkie allerdings gefunden wird, verwandelt er sich sofort zurück in einen Seehund und schwimmt davon. Aus der Ferne sehen Seehundköpfe, die aus dem Meer hervorschauen, wie die von Menschen aus – vielleicht hat das zu diesen Mythen um die Selkies geführt.

55

IM PORTRÄT

Biografie
Werwölfe

Werwolfmerkmale
Werwölfe waren laut Legende Menschen, die sich bei Vollmond in Wölfe verwandelten. Sie galten als unglaublich stark und besaßen übermenschliche Kräfte. Ein Mensch konnte zum Werwolf werden, indem er von einem Werwolf gebissen wurde oder indem er bereits als solcher geboren wurde.

Vampirverwandtschaft
In einigen Mythen des antiken Griechenlands und der slawischen Völker Osteuropas wird von Werwölfen berichtet, die sich nach ihrem Tod in Vampire verwandelten. Sie streunten in Vollmondnächten in Menschen- oder Tiergestalt umher und ernährten sich von Blut.

Unheimliches Verhalten
Als Lycanthropie bezeichnete man lange Zeit eine Geisteskrankheit, bei der die betroffenen Menschen glaubten, sie seien eigentlich ein Tier. Von der Antike bis ins 19. Jh. gab es immer wieder Berichte über Menschen, die sich z. B. wie Wölfe fühlten und verhielten – also auf allen vieren liefen und heulten.

Gefährliche Kreaturen?
Marco Polo und andere Entdecker des Mittelalters berichteten von menschenfressenden Gestalten mit Hundeköpfen, den Kynokephalen, die angeblich in Indien und Asien lebten. Einige hielten sie für Werwölfe. Eine moderne Deutung geht allerdings von Pavianen aus.

Werwölfe

Früher waren **Wölfe** ein gewohnter Anblick in den europäischen Wäldern. Mit ihrem unheimlichen Geheul, ihren scharfen Zähnen und Augen, die im Licht des **Vollmonds** zu **glühen** schienen, ist es nur verständlich, dass sie gefürchtet waren und Geschichten über Werwölfe aufkamen.

Rund um die Welt

Im Mittelalter und bis ins 20. Jh. hinein erzählte man sich von Werwölfen – der Bestie vom Gévaudan in Frankreich, dem hundsköpfigen P'an Hu aus der chinesischen Mythologie oder Lykaon, der in einen Wolf verwandelt wurde, weil er Menschen opferte und Zeus damit herausforderte.

Die wolfsähnliche Bestie vom Gévaudan verbreitete im Frankreich des 18. Jh. Angst und Schrecken.

Werwölfe sollen sich vom Mensch zum Wolf verwandeln, wenn sie bei Vollmond auf einer Wegkreuzung stehen.

Magische Kreaturen

Lobishomen

Die portugiesischen Mythen über Werwölfe, die Lobishomen, verbreiteten sich durch die Entdecker des 16. Jh. auch in Brasilien und Argentinien. Man glaubte, dass der siebtgeborene Sohn einer Familie, die nur Söhne hatte, ein Werwolf sei. Einige Eltern sollen sich so davor gefürchtet haben, dass sie ihr siebtes Kind aussetzten.

In einigen Mythen heißt es, Werwölfe könne man von richtigen Wölfen durch den fehlenden Schwanz unterscheiden.

GESCHICHTEN ERZÄHLEN

Wissenschaft und Mythos

Naturphänomene
Experten glauben, dass Elemente des Donnervogel-Mythos ihren Ursprung in realen Naturkatastrophen haben. Wie in fast allen Kulturen kennen auch die Quileute-Indianer den Mythos von einer großen Flut, die das Indianervolk bedrohte. Die Erschütterungen des Bodens und die ausgerissenen Bäume, zu denen es während des Überlebenskampfs des Wals kam, erinnern an die Folgen eines Erdbebens. Als der Vogel den Wal ins Wasser fallen ließ und mit den Flügeln schlug, wühlte dies das Meer auf, wie man es bei einem Tsunami kennt.

Uralte Kreatur
Der Ursprung der Figur des Donnervogels ist nicht ganz klar. Sie geht vielleicht auf den riesigen Urvogel zurück, der an der Westküste Nordamerikas lebte. Dieser war vermutlich noch nicht ausgestorben, als die ersten Menschen auftauchten, und ernährte sich von gestrandeten Walen. Der Donnervogel weist auch Ähnlichkeiten mit den Flugsauriern der Urzeit auf, riesigen Reptilien mit hervorragenden Augen und einer Flügelspannweite von bis zu 12 m.

Herrscher über das Wetter
Für viele Völker Nordamerikas stand der Donnervogel in enger Verbindung mit einem wichtigen Teil der Natur – dem Wetter. Seine Augen sollen das Wetterleuchten verursacht haben und Schlangen, die er im Schnabel trug, stellten Blitze dar. Stürme verursachte er nicht nur durch seinen Flügelschlag, sondern auch, indem er Regenwolken über den Himmel schob und Donnergeräusche machte, was ihm auch seinen Namen gab.

Der Donnervogel und der Wal

In den **traditionellen Erzählungen** der nordamerikanischen Indianer kommt ein mächtiger Riesenvogel vor, meist **Donnervogel** genannt. Es gibt viele Versionen des Mythos – manchmal nimmt der Vogel menschliche Gestalt an, dann wieder ist er ein beschützender oder böser Geist.

Vor langer Zeit herrschte bei dem Volk der Quileute großer Hunger. Es hatte seit Tagen heftig geregnet und gehagelt, sodass es zu Überschwemmungen kam, das Getreide vernichtet wurde und die Jäger weder Wale noch Fische erlegten. Die Menschen flehten den Großen Geist um Hilfe an. Dann, nach einer langen Nacht stiller Dunkelheit, nahmen sie plötzlich das Aufleuchten von Blitzen und ein lautes Flügelschlagen wahr.

Am Himmel erschien ein riesiger Vogel – größer als jeder, den sie bisher gesehen hatten. Er hatte einen gebogenen Schnabel und seine Augen glühten. Als er näher kam, sahen die Menschen, dass er einen riesigen Wal in seinen Klauen hielt, den er vor sie auf den Boden fallen ließ.

Der Wal versorgte die Quileute mit allem, was sie zum

Magische Kreaturen

Überleben brauchten – der Donnervogel hatte sie vor dem Hungertod bewahrt. Doch was war zuvor geschehen? Darüber herrscht in den Erzählungen keine Einigkeit: In einigen heißt es, der Donnervogel habe den Wal gefangen und in seine Felsenhöhle gebracht, wo der Wal derart um sein Leben kämpfte, dass der Boden bebte und Bäume entwurzelt wurden. Andere berichten, der Wal sei gleich wieder ins Wasser entkommen, doch der Vogel habe ihn mit kraftvollen Flügelschlägen verfolgt und erneut gefangen. In jeder Version steht der Donnervogel als Sieger da.

Für alle Indianervölker, die an ihn glaubten, war der Donnervogel eine Figur, die Macht, Weisheit und Magie in sich vereinte und der man Respekt entgegenbrachte. Er hatte einen gebogenen Schnabel, scharfe Zähne, durchdringende Augen und große Klauen. Manchmal wurde er mit einer Federkrone dargestellt. Man findet ihn häufig an der Spitze von Totempfählen.

BASTLE EINEN TOTEMPFAHL

Nimm die Papprohre einer leeren Küchenrolle als Pfahl. Klebe bemalte Kartonstückchen daran, die Schnabel und Flügel des Vogels und den Walschwanz darstellen sollen. Dann bemale den Rest des Pfahls entsprechend oder beklebe ihn mit farbigem Karton.

🌐 RUND UM DIE WELT

Monster der Meere

In früheren Zeiten hatten die Seeleute nach langen Schiffsreisen immer schaurige Geschichten über **Seeungeheuer** im Gepäck. Einige waren sicherlich frei erfunden, andere entstanden vermutlich durch Begegnungen mit bis dahin **unbekannten Meereslebewesen** wie z. B. Walen oder riesigen Tintenfischen.

▶ **Kraken** (Nordeuropa) Seeleute lebten in Angst vor Kraken, gigantischen Ungeheuern, die Schiffe mit sich in die Tiefe rissen. Der wahre Kern dieser Erzählungen kann die erste Begegnung mit Riesenkalmaren gewesen sein, die allerdings „nur" eine Länge von 12–15 m erreichen.

Magische Kreaturen

▶ **Skylla (Altes Griechenland)** Dieses Seeungeheuer lebte in einer Höhle an einer Meerenge, gegenüber des Ungeheuers Charybdis. Es heißt, Skylla sei einst ein wunderschönes Mädchen gewesen, das dann in eine Kreatur mit sechs Hundeköpfen verwandelt worden war. Sie fraß einige Gefährten des Odysseus, als dieser mit seinen Schiffen die Meerenge passierte (siehe S. 53).

◀ **Aspidochelone (Irland)**
Plinius der Ältere, ein griechischer Gelehrter, schrieb einst über eine Meeresbestie, die Seefahrer ins Verderben lockte. In der irischen Legende von Brendan dem Reisenden wird eine ähnliche Figur erwähnt – Aspidochelone. Die Seeleute hielten sie für eine Insel und entfachten ein Feuer auf ihr. Als das Ungeheuer sich bewegte, flohen sie in Panik zu ihrem Schiff.

▶ **Shachihoko (China und Japan)**
Dieses Seeungeheuer hatte den Kopf eines Drachen und den Körper eines Karpfens. Shachihoko-Statuen auf Dächern sollten die Gebäude vor Feuer schützen. Zudem glaubte man, das Monster könne Regen machen.

◀ **Hydra (Altes Griechenland)** Dieses neunköpfige schlangenähnliche Ungetüm wachte im alten Griechenland über die Tore zur Unterwelt, die direkt unter seinem Sumpf lagen. Sein Atem soll tödlich gewesen und seine Köpfe immer wieder nachgewachsen sein. Herakles besiegte schließlich die Hydra (siehe S. 104).

WER IST WER?

Tiere in der chinesischen Mythologie

In der **chinesischen Mythologie** standen bestimmte Tiere symbolisch für das Wohlergehen und **Schicksal** der Menschen. Diese heiligen Tiere hatten spezielle Eigenschaften und konnten für Reichtum, Weisheit oder ein langes Leben sorgen.

In den chinesischen Mythen gilt der Drache als Glückssymbol.

Tierkreiszeichen
Der Zyklus der chinesischen Tierkreiszeichen dauert zwölf Jahre. Jedem Jahr ist ein Tier zugeordnet. Die Menschen, die in einem bestimmten Jahr geboren sind, zeigen die Eigenschaften des jeweiligen Tiers, z. B. die des Hasen oder der Ratte.

Das Qilin war das chinesische Einhorn. Es hatte den Körper eines Pferds, den Kopf eines Drachen und trug ein einzelnes Horn.

Übernatürliche Tiere
Zu Beginn der Schöpfung halfen vier heilige Tiere dem Gott Pangu (siehe S. 12) bei der Erschaffung der Welt. Diese Tiere waren: der Blaue Drache, der Rote Vogel, die Schwarze Schildkröte und das Einhorn. Nachdem die Arbeit getan war, wurden sie die Wächter der vor den Menschen verborgenen Reiche in den Meeren, im Himmel, in den Sümpfen und in den Wäldern.

Magische Kreaturen

Schutzgeister

Dem Mythos zufolge wachten vier Wesen über die Himmelsrichtungen auf einem Kompass, dessen Mittelpunkt China war. Jedes von ihnen stand für eine Jahreszeit, eine Farbe, ein Element und eine spezielle Eigenschaft.

Roter Vogel
Sommer, Rot, Feuer und Wissen

Der Beschützer des Südens war aus dem Feuer geboren. In der ägyptischen und griechischen Mythologie kennt man einen ähnlichen Vogel namens Phönix.

Der Vogel hatte den Hals einer Schwalbe, den Kamm einer Mandarinente, einen Hühnerschnabel, den Rücken einer Schildkröte und einen Fischschwanz mit Pfauenfedern.

Blauer Drache
Frühling, Blau/Grün, Holz und Reichtum

Der Blaue Drache wachte über den Osten. Er war eine mächtige und Furcht einflößende Figur.

Der Drache hatte einen Schlangenkörper, Hörner, einen Büffelkopf, die Nase und Zähne eines Löwen sowie Adlerklauen.

Weißer Tiger
Herbst, Weiß, Metall und Güte

Der mächtige Weiße Tiger beschützte den Westen. Es hieß, er erscheine nur während der friedlichen Regentschaft eines tugendhaften Herrschers.

Der Weiße Tiger nahm den Platz des mythischen Qilin ein.

Schwarze Schildkröte
Winter, Schwarz, Wasser und Zufriedenheit

Die Schildkröte beschützte den Norden und wurde oft mit einer Schlange auf ihrem Panzer dargestellt. Beide Tiere standen für ein langes Leben.

Die Menschen verbrannten Schildkrötenpanzer, um an der Länge der entstandenen Risse die Zukunft zu deuten.

63

GESCHICHTEN ERZÄHLEN

Der König der Affen

Geburt
Es heißt, Sun Wukong sei aus einem steinernen Ei geschlüpft, das der Himmel und die Erde hervorbrachten.

Ausgetrickst
Der Affe erlernte viele Fähigkeiten bei verschiedenen Meistern. Danach brachte er den Drachenkönig des östlichen Meers dazu, ihm seine magische Säule zu schenken, Stiefel, mit denen man über Wolken laufen konnte, sowie eine goldene Rüstung.

Himmlischer Hof
In den chinesischen Mythen gibt es einen himmlischen Hof, an dem Tausende Unsterbliche leben – Helden, Priester und weise Menschen genauso wie Götter. Der Jadekaiser herrscht über diesen Hof.

Widerstandsfähig
Der Jadekaiser wollte Sun Wukong aufgrund seiner Streiche töten. Er steckte ihn in einen Kessel über einer Feuerstelle. Doch da der Affe aus Stein entstanden war, entkam er dem Hitzetod nicht nur, er stieg auch stärker als je zuvor aus dem Kessel. Von nun an hatte er die Gabe, das Böse in jeder Form zu erkennen.

Buddha wettete, dass der Affe nicht von seiner Handfläche springen könne. Der Affe nahm die Wette an und kam mit einem Sprung bis ans Ende der Welt. Dort standen fünf Säulen. Er markierte die mittlere – zum Beweis, dass er dort gewesen war. Als er in Buddhas Hand zurücksprang, sah er, dass die Säulen Buddhas Finger gewesen waren: Der mittlere war markiert!

Die Abenteuer des Affenkönigs

In der **chinesischen Mythologie** gehört der trickreiche Affenkönig **Sun Wukong** zu den beliebtesten Figuren. Seine Abenteuer wurden in der Erzählung *Die Reise nach Westen* beschrieben.

Der König der Affen war schlau – er konnte sich auf 72 Arten verwandeln. Außerdem war er geschickt – er lief auf Wolken, legte mit einem einzigen Salto über tausend Meilen zurück und er beherrschte die Kampfkunst. Der Affenkönig kannte auch viele Tricks – er hatte den Drachenkönig des östlichen Meers dazu gebracht, ihm seine magischen Schätze zu überlassen.

Doch vor allem war er ehrgeizig – er hatte die Unterwelt betreten und seinen Namen aus dem Totenbuch gestrichen, sodass er niemals sterben würde.

Der Jadekaiser versuchte vergeblich, ihn zu bremsen. In seiner Verzweiflung bat der Herrscher schließlich Buddha, den weisesten Mann von allen, um Hilfe.

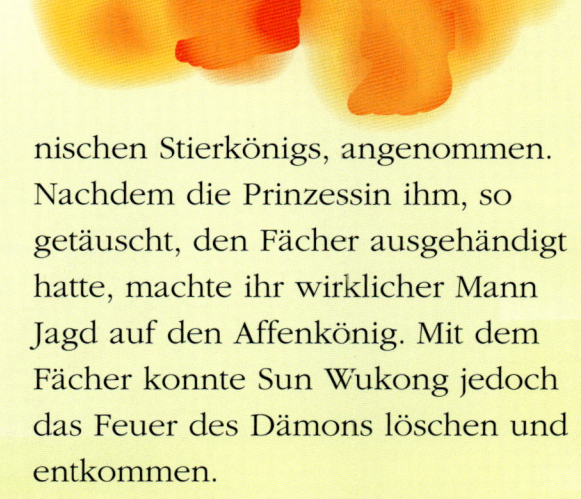

Magische Kreaturen

Der Affenkönig verlor die Wette gegen Buddha (siehe linke Spalte) und wurde in einen magischen Berg gesperrt.

500 Jahre später beauftragte man einen gutmütigen Priester namens Xuanzang damit, nach Indien zu reisen, um buddhistische Schriften zu überbringen. Da auf der Reise viele Gefahren drohten, sollte ihn der Affenkönig begleiten und beschützen.

Sun Wukong war glücklich, endlich aus seinem Gefängnis zu kommen, und willigte dankbar ein. Der Priester hatte noch zwei weitere Reisebegleiter: Sha Wujing und Zhu Wuneng (der in ein Schwein verwandelt worden war).

Sie reisten durch viele fantastische Länder und mussten eine Menge Abenteuer bestehen.

Eines Tages bemerkten sie, dass es immer heißer und heißer wurde: Die Feuerberge lagen vor ihnen. Um sie zu überqueren, benötigten sie einen besonderen Fächer, der einer Prinzessin gehörte. Doch diese wollte den Fächer nicht hergeben. Sie wedelte damit und blies den Affenkönig so davon. Der kam mit einem Wundermittel zurück, sodass ihm der Wind nichts mehr antun konnte. Daraufhin schloss sich die Prinzessin ein. Sun Wukong jedoch verwandelte sich in ein Insekt, flog in ihr Zimmer und landete in ihrer Teetasse. Sie schluckte ihn hinunter und bekam furchtbare Schmerzen. Schließlich stimmte sie zu, ihm den Fächer zu geben, brachte ihm jedoch den falschen. Als der Affenkönig zum dritten Mal zu ihr zurückkehrte, hatte er die Gestalt ihres Mannes, des dämonischen Stierkönigs, angenommen. Nachdem die Prinzessin ihm, so getäuscht, den Fächer ausgehändigt hatte, machte ihr wirklicher Mann Jagd auf den Affenkönig. Mit dem Fächer konnte Sun Wukong jedoch das Feuer des Dämons löschen und entkommen.

Als alle wieder sicher in China angekommen waren, wurden sie reich belohnt und flogen hinauf in die Himmel, um dort zu leben.

BASTLE EINE AFFENKÖNIGMASKE

Schneide in einen Pappteller oben und unten je zwei Schlitze. Biege den Teller dann so, dass er wie ein Gesicht geformt ist, und klammere oder klebe ihn in dieser Form zusammen. Schneide die Ohren aus dem Rand aus.

Male ein Affengesicht auf den Teller und lass dich von dieser Vorlage inspirieren (sie orientiert sich an den Masken, die die chinesische Oper für den Affenkönig verwendet).

RUND UM DIE WELT

Trickreiche *Gauner*

Ganz gleich, ob Götter, Tiere oder Geister, Männer oder Frauen – die listigen Gestalten, die in allen Mythen weltweit auftauchen, lieben es, **Unfug** zu treiben. Oft ohne Sinn für Gut und Böse setzen sie mithilfe einer **List** oder **Täuschung** ihren Willen durch, auch wenn sie am Ende oft selbst die Geprellten sind.

▲ **Eshu (Westafrika)** Eshu kam eine wichtige Aufgabe als Bote und Vermittler zwischen den Göttern und dem Volk der Yoruba zu. Allerdings stellte er auch allerlei Unsinn an. Einmal überredete er die Sonne und den Mond, ihre Plätze zu tauschen.

▶ **Tengu (Japan)** Tengus sind listige Geister, die von Susanoo, dem Gott des Winds und des Meers, abstammen. Ein Tengu ist halb Vogel, halb Mensch und spielt buddhistischen Mönchen und all denen Streiche, die ihn nicht respektieren.

DURCHBLICK
Mehr über Susanoo erfährst du auf S. 103.

▲ **Kappa (Japan)** Diese Wassergeister spielen denjenigen übel mit, die sich zu nahe an ihr Wasserversteck wagen. Ihre magische Kraft kommt aus dem Wasser, das sie in einer Delle auf dem Kopf mit sich tragen. Wird es versehentlich verschüttet, schwindet ihre Kraft.

Magische Kreaturen

◀ **Saci (Brasilien)** Dieser einbeinige Kerl trägt eine magische rote Mütze, die ihm die Macht verleiht, sich unsichtbar zu machen. Gern gibt man ihm die Schuld, wenn z. B. das Essen anbrennt oder etwas anderes schiefläuft.

▶ **Loki (Skandinavien)** Der gerissene Gott Loki wurde für die Götter von Asgard (siehe S. 90) zum Ärgernis. So brachte er etwa den blinden Gott Hödur dazu, seinen gutmütigen Zwillingsbruder Balder mit einem Mistelzweig zu töten.

▲ **Bruder Kaninchen (Nordamerika)** Die Abenteuer von Bruder Kaninchen wurden im 19. Jh. in einem US-amerikanischen Kinderbuch veröffentlicht. Sie basieren auf den Geschichten über clevere Hasen- und Spinnenfiguren, die die afrikanischen Sklaven aus ihrer Heimat mit nach Amerika gebracht hatten.

▶ **Krishna (Indien)** Dieser Gott war schon als Kind für seine Streiche berühmt. Einmal wollte Gott Brahma herausfinden, wie schlau Krishna wirklich war. Er versteckte seine Kühe und war gespannt, ob Krishna sie wiederfinden würde. Krishna jedoch trickste ihn aus, indem er Doppelgänger der Kühe schuf und mit ihnen spielte, als ob nichts geschehen wäre.

GESCHICHTEN ERZÄHLEN

Anansi, der Erzähler
Familienstammbaum
Anansis Vater ist Nyame, der Himmelsgott, seine Mutter die Erdgöttin Asase.

Das Symbol des Himmelsgotts Nyame

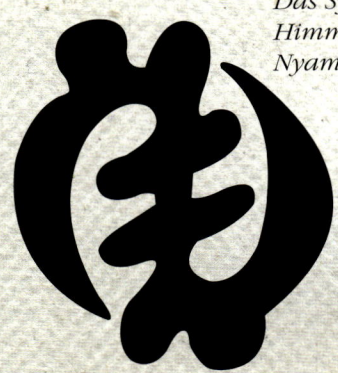

Geschichten spinnen
Anansis Geschichten entstanden bei den Völkern der Akan in Westafrika. Sie verbreiteten sich im Zuge des Sklavenhandels über den Atlantik. Auch in der Karibik kennt man Anansi, in Südamerika ist er eine „Sie" und wird „Tante Nancy" genannt – eine wahrlich weitgereiste Spinne!

Bedeutung des Namens
In der Sprache der Akan bedeutet Anansi „Spinne". In Amerika kennt man die Figur auch unter „Tante Nancy", „Nansi" oder „Hanansi".

Helfer und Freund
In den Mythen Ghanas heißt es, Anansi überredete Nyame, den Mond, die Sonne und die Sterne zu erschaffen. Er half mit Regen beim Löschen von Bränden, hielt Überschwemmungen in Schach und zeigte den Menschen, wie man Getreide anbaut.

Viele Länder, viele Rollen
Je nach Land und Erzähltradition gilt Anansi als Gauner, liebenswerter Schelm, Helfer Nyames und Urheber des Wissens.

Anansi, die schlaue Spinne

Dem Himmelsgott Nyame gehörten alle Geschichten der Welt – auf der Erde gab es keine einzige. Nun wollte Anansi gern in den Besitz der Geschichten gelangen. Er webte ein Netz bis in den Himmel hinauf, um Nyame darum zu bitten. Nyame stellte ihm daraufhin **vier Aufgaben**: Könnte er die Hornissen, die Pythonschlange, den Leopard und die Fee fangen, bekäme er die Geschichten als Belohnung. Anansi war zwar klein, dafür aber umso **schlauer**.

Zuerst lief er mit einem mit Wasser gefüllten Gefäß zu den Hornissen. An ihrem Nest angekommen, spritzte er Wasser darüber und benässte sich mit dem Rest selbst. Die Hornissen flogen hinaus und schwirrten wütend umher. „Schnell!", rief Anansi. „Bringt euch in meinem Gefäß vor dem Regen in Sicherheit!"

Als die Hornissen hineinflogen, webte Anansi ein dickes Netz über die Öffnung, sodass sie gefangen waren.

Dann lief er zur Pythonschlange. Er wusste, dass diese sehr stolz auf ihren langen Körper war, also nahm Anansi einen langen Ast und redete unter dem Baum, auf dem die Riesenschlange lag, laut mit sich selbst. „Was redest du denn da?", fragte ihn der Python. „Ach, meine Frau glaubt mir nicht, dass du länger als dieser Ast bist, aber ich denke schon", erwiderte Anansi. „Ich weiß einfach nicht, wie ich sie überzeugen soll." „Na, das Problem lässt sich lösen", sagte der Python. „Ich lege mich einfach daneben, dann wird sie sehen, dass ich länger bin."

Magische Kreaturen

Sobald sich die Schlange neben dem Ast ausgestreckt hatte, band Anansi sie blitzschnell daran fest.

Nun war der Leopard an der Reihe. Anansi grub auf dem Pfad, den der Leopard jeden Tag entlanglief, ein tiefes Loch und bedeckte es mit Zweigen und Blättern. Dann versteckte er sich und wartete. Als der Leopard seine tägliche Runde lief, tappte er in Anansis Falle.

„Zu Hilfe!", brüllte er. Anansi kam zu ihm und sagte: „Hier, krall dich in meinem Netz fest, ich ziehe dich heraus." Als der Leopard nach oben griff, ließ Anansi ein klebriges Spinnennetz über ihn fallen und wickelte ihn darin ein.

Zu guter Letzt fing er die Fee. Er strich klebriges Gummi auf eine große Puppe und ließ diese bei einem Baum zurück. Die Fee kam vorbei und nahm die Puppe entzückt in die Arme – schon klebte sie fest und konnte nicht mehr fliehen.

Nyame war beeindruckt von Anansis Leistung und übergab ihm die Geschichten der Welt. Anansi aber brachte sie auf die Erde, um sie mit den Menschen zu teilen.

69

GESCHICHTEN ERZÄHLEN

Eros und Psyche

Psyche („Seele") war keine Göttin – sie war eine Sterbliche und die Schönste dreier Schwestern. Einige Menschen waren der Ansicht, dass Psyche sogar schöner sei als Aphrodite, die griechische Liebesgöttin. Dies führte dazu, dass **Aphrodite** sehr wütend auf Psyche wurde.

Magische Kreaturen

Um ihre Rivalin zu bestrafen, sandte Aphrodite ihren Sohn Eros mit magischen Pfeilen aus. Jeder, den er damit traf, würde sich in die erstbeste Person verlieben, die er erblickte. Aphrodite hoffte, dass Psyche sich auf diese Weise in ein Monster verlieben würde. Eros flog demnach in Psyches Schlafgemach, doch bevor er den Pfeil anlegen konnte, wachte diese auf und blickte ihn an. Von ihrer Schönheit verwirrt, verletzte sich Eros selbst an dem Pfeil und verliebte sich unsterblich in das Mädchen. Aphrodite war so erzürnt, dass sie Psyche verfluchte und entschied, dass sie niemals heiraten werde. Daraufhin bat Eros den Gott Apollon um Hilfe.

Psyches Vater, besorgt darüber, dass seine Tochter alle Verehrer ablehnte, wandte sich schließlich an das Orakel von Delphi, das Apollon geweiht war. Dieser verkündete ihm, er solle Psyche auf einen Berg bringen, wo ein mächtiger Dämon sie zur Frau nehmen werde. Schweren Herzens erfüllten die Eltern diesen Auftrag. Psyche wurde vom Wind zu einem Schloss geweht, wo sie alles vorfand, was sie brauchte. Nachts besuchte sie ihr liebevoller und sanfter Ehemann, doch sein Gesicht sah sie in der Dunkelheit nie. Er sagte, dass er sich ihr niemals zu erkennen geben dürfe.

Bald darauf suchten Psyches Schwestern nach ihr und fanden sie. Als sie von dem geheimnisvollen Mann erfuhren, wurden sie eifersüchtig und sagten: „Bestimmt ist er ein Monster, das dich verschlingen wird." Psyche bekam Angst. In der nächsten Nacht nahm sie eine Öllampe mit ans Bett und ein Messer, um sich im Notfall gegen das Monster wehren zu können.

Als ihr Mann eingeschlafen war, zündete Psyche die Lampe an und stellte staunend fest, dass es sich um Eros handelte, der nie aufgehört hatte, sie zu lieben. Da fiel ein Tropfen Öl auf ihn, wovon er erwachte. Als Eros sah, was Psyche getan hatte, lief er davon und rief: „Wo kein Vertrauen herrscht, kann es keine Liebe geben!" Verzweifelt machte Psyche sich auf die Suche nach ihm.

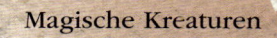

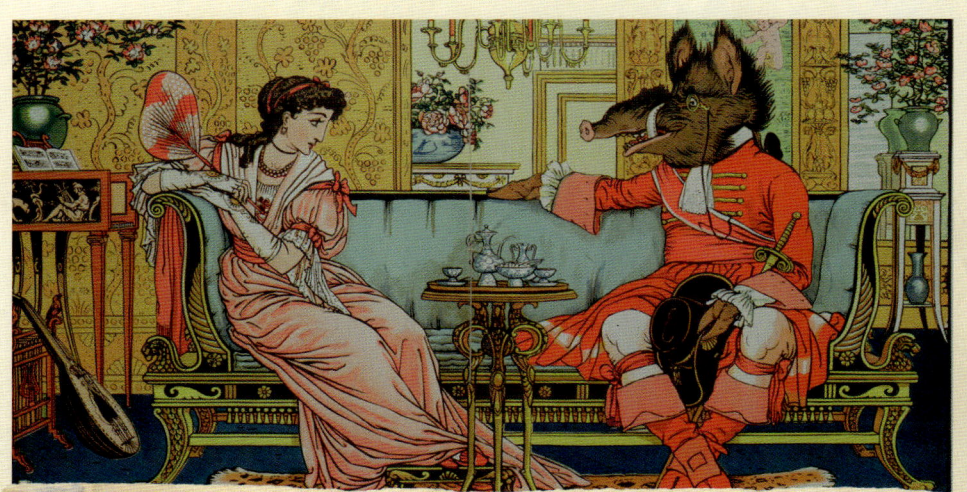

Psyche öffnet das Kästchen.

Alles aus Liebe
Die Prüfung
In ihrer Verzweiflung wendet Psyche sich an Aphrodite (siehe S. 33) und bittet, dass diese ihr nicht länger zürnen möge. Die Göttin erklärt sich bereit, Psyche zu helfen, wenn sie eine Reihe gefährlicher Aufgaben erfüllt. Eros steht seiner Geliebten bei.

Psyches Prüfungen variieren je nach Version der Geschichte, doch fast immer muss sie ein Kästchen aus der Unterwelt holen, das dort von dem dreiköpfigen Höllenhund Kerberos bewacht wird. Psyche wird gewarnt, das Kästchen niemals zu öffnen, doch sie kann nicht widerstehen. Als sie den Deckel aufklappt, fällt sie in einen tiefen Schlaf, aus dem nur Eros sie wieder erwecken kann.

Glückliches Ende
Als Psyche alle schier unlösbaren Aufgaben bestanden hat, wird Aphrodite noch wütender als zuvor. Eros wendet sich deshalb an Zeus, den obersten Gott, der Mitleid mit ihm hat. Er gibt Psyche Ambrosia, die Speise der Götter, die sie unsterblich macht. Auf diese Weise wird Psyche zu einer würdigen Frau für Eros. Aphrodite überwindet ihre Eifersucht und willigt schließlich in die Verbindung ein.

Alte Geschichte
Einige Historiker glauben, dass es sich bei der Geschichte von Psyche, die mit einem vermeintlichen Monster in einem Palast lebt, um eine frühe Version von *Die Schöne und das Biest* aus dem 18. Jh. handelt.

RUND UM DIE WELT

Besondere *Pflanzen*

In Mythen stehen Pflanzen häufig als **Symbol** für das Leben, für Heilung oder Tod. Doch einige halten auch **magische Erklärungen** für Entstehung und Aussehen bestimmter Pflanzen bereit.

▲ **Ceibos-Baum (Südamerika)** Ein Mädchen namens Anahi, das gern sang, wurde von einem feindlichen Volk entführt. Bei ihrer Flucht tötete sie einen Krieger, wurde erneut gefangen genommen und verbrannt. Als die Flammen ihren Körper umzüngelten, begann sie zu singen, woraufhin Anahi zu einem Ceibos-Baum wurde, der den dichten Wald mit seinen roten Blüten erleuchtet.

▶ **Kokosnuss-palme (Guam)** Ein wunderschönes Mädchen hatte eines Tages großen Durst. Sie verlangte nach dem Saft einer bestimmten Frucht, die jedoch niemand finden konnte, und das Mädchen verdurstete. Auf ihrem Grab begann eine seltsame Pflanze zu wachsen, die nach fünf Jahren über sechs Meter maß und riesige Früchte trug. Als diese zu Boden fielen, enthielten sie süßen Saft und köstliches Fruchtfleisch. Die Menschen nannten sie Kokosnüsse.

▲ **Narzisse (Altes Griechenland)** Der Knabe Narziss, Sohn des Flussgotts, betrachtete sich im Wasser und verliebte sich in sein Spiegelbild. Unfähig, sich vom Anblick seines schönen Antlitzes abzuwenden, starb er schließlich. Dem Mythos zufolge wuchs die erste Narzisse am Ufer, wo er gestorben war, und galt fortan als Symbol für Eitelkeit.

▲ **„Dame der Nacht" (Philippinen)** Dies ist nur eine der Erzählungen über diese nachts blühende Pflanze: Dama, die Frau eines Adligen, bat die Götter um einen Zauber, der ihren Mann für immer an sie binden würde. Als dieser am Abend nach Hause kam, war seine Frau verschwunden. Stattdessen nahm er einen herrlichen Duft wahr, den ein Busch im Garten verströmte, der Tausende winzige weiße Blüten trug. Fortan saß der Mann jeden Tag neben dem Busch und wartete auf die Rückkehr seiner Frau. Als Busch hatte sie ihn durch ihren betörenden Duft für immer an sich gebunden.

Magische Kreaturen

DURCHBLICK
Mehr über den Gott Apollon erfährst du auf S. 33.

▲ Florettseidenbaum

(Argentinien) Der Legende nach verliebte sich ein Mädchen in einen Krieger. Als er in den Kampf zog, schwor sie ihm ewige Treue, doch er kehrte nie zurück. Traurig zog sich das Mädchen in den Wald zurück, um zu sterben. Jäger fanden sie, konnten sie jedoch nicht mehr nach Hause bringen, da sie Wurzeln geschlagen hatte und aus ihrem Körper Äste wuchsen. Auf ihren Fingern saßen weiße Blüten, die – im Gedenken an das vergossene Blut des Kriegers – bald darauf rot wurden.

Kokopelli war ein Fruchtbarkeitsgott der amerikanischen Ureinwohner. Er wird oft als buckliger Flötenspieler dargestellt. Es heißt, er trage einen Sack über der Schulter, der die Samen aller Pflanzen der Welt enthalte. Diese säe er jeden Frühling aufs Neue aus.

▲ Lorbeerbaum (Altes Griechenland)

Der schelmische Liebesgott Eros (siehe S. 71) traf mit seinen Pfeilen auch Apollon, den Sonnengott, sodass dieser sich in die wunderschöne Nymphe Daphne verliebte. Als er sie verfolgte, bat sie ihren Vater, den Flussgott, ihre Gestalt zu ändern. So wurde Daphne in einen Lorbeerbaum verwandelt. Apollon wurde daher oft mit einem Lorbeerkranz im Haar dargestellt. Lotis, eine andere Nymphe, die von Apollon verfolgt wurde, verwandelte sich in den Lotosbaum.

73

GESCHICHTEN ERZÄHLEN

Midas, König der Narren

Bauern finden den schlafenden Satyr Silenos.

Vor langer Zeit gab es in **Phrygien** (heute Türkei) einen König namens Midas, der ein guter, aber **einfältiger** Mann war. Eines Tages trafen Bauern auf einen **Satyr** (ein spitzbübischer Waldgeist, halb Mann, halb Ziege), der auf der Landstraße schlief, und brachten ihn zu Midas. Der alte Satyr, Silenos, war betrunken und die Bauern banden ihn mit Blumenketten an, damit er nicht herumirrte.

König Midas wusste, dass Silenos einer der engsten Vertrauten von Dionysos, dem Gott des Weins und der Feste, war. Er behielt Silenos einige Tage bei sich, sorgte dafür, dass er sich wohlfühlte, und unterhielt ihn. Schließlich brachte er Silenos zurück zu Dionysos, der am Ufer des Flusses Paktolos lebte. Der Gott war so erleichtert, seinen Freund wiederzuhaben, dass er Midas zum Dank einen Wunsch erfüllen wollte. Midas bat darum, dass alles, was er berührte, zu Gold werden sollte. „Bist du dir sicher?", fragte Dionysos.

„Ja", erwiderte der König.

Der Wunsch wurde ihm gewährt. Auf dem Nachhauseweg streifte Midas einen Zweig, der sich sofort in Gold verwandelte. Begeistert lief der König umher und berührte alles, was er sah – Steine, Äpfel, einen Klumpen Erde –, und alles wurde augenblicklich zu glänzendem Gold. Als er seinen Palast erreichte, wurde er immer aufgeregter – er berührte das Tor, die Rosen im Garten und vieles mehr und war alsbald von purem Gold umgeben. Ermattet von der Reise verlangte er nach Speisen und Wein, doch als er den Wein an die Lippen brachte, wurde der zu Gold und ließ sich nicht mehr schlucken.

Da verstand Midas, weshalb Dionysos seinen Wunsch infrage gestellt hatte. Seine geliebte Tochter eilte herbei, um ihn zu trösten, doch als er ihr die Hand reichte, wurde sie zu einer goldenen Statue.

Verzweifelt flehte Midas Dionysos an, ihn von dieser furchtbaren Gabe zu erlösen, und der Gott hatte Mitleid mit ihm.

„Geh zur Quelle des Flusses Paktolos", sagte er. „Wenn du dort badest, wird das Wasser deine Gabe fortspülen."

Der König tat, wie ihm geheißen, der Fluss nahm das Gold auf und Midas war frei. Seit diesem Tag führt der Fluss glitzerndes Gold mit sich.

Magische Kreaturen

Ende gut, alles gut
In einigen Versionen des Mythos rät Dionysos (siehe S. 33) dem König, er solle auch die goldene Statue seiner Tochter zum Fluss bringen. Als Midas sie in die Fluten taucht, erlangt sie wieder menschliche Gestalt.

Mehr über König Midas
Der Wettbewerb
Beschämt von seiner eigenen Gier zog König Midas sich aufs Land zurück. Er wandte sich fortan Pan zu, dem schelmischen Gott der Hirten und des Walds, der meisterhaft auf Schilfrohrflöten spielte.

Eines Tages prahlte Pan damit, dass er besser auf der Flöte spiele als Apollon, der Gott der Musik und der Sonne, auf seiner Leier. Er forderte ihn zu einem Wettstreit heraus. Tmolos, der Gott des Gebirges, sollte Schiedsrichter sein.

Pan spielte als Erster und jedermann liebte seine Melodien. Doch als Tmolos die zauberhaften Klänge der Leier vernahm, kürte er Apollon zum Sieger. Alle waren einverstanden, nur Midas fand die Entscheidung ungerecht.

Das Geheimnis
Gekränkt von Midas Missgunst verwandelte Apollon seine Ohren in die eines Esels. Midas verbarg diese unter einem Turban und nur sein Frisör kannte das Geheimnis. Er konnte es aber nicht für sich behalten und sprach es in ein Erdloch, wodurch die Schilfrohre, die an dieser Stelle wuchsen, im Wind flüsterten: „König Midas hat Eselsohren."

IM PORTRÄT

Biografie
Nisse

Bedeutung der Namen
In Dänemark und Norwegen kennt man den Kobold unter dem Namen Nisse, also „guter Kerl", in Schweden und Finnland heißt er „Tomte" oder „Alter Mann des Hauses". Die Vorstellungen von den Nissen variieren von Land zu Land, doch sie alle sind kleine Wesen, die traditionell das Haus, den Stall und das Grundstück beschützen.

Familienbande
Der Nisse weist Ähnlichkeiten zur schottischen Sagengestalt Brownie sowie zum Klabautermann und den deutschen Heinzelmännchen auf.

Gemütliches Zuhause
Die Nisse bauen ihr Zuhause dort, wo sie ungestört sind. Das kann ein Heuboden oder Speicher sein, aber auch ein Loch unter den Dielenbrettern. In einigen Mythen heißt es, der Nisse sei die Seele des allerersten Hausbewohners und wohne in einem Grabhügel.

Verdienter Lohn
Die Familie, in deren Haus der Nisse wohnt, macht ihm kleine Geschenke, um ihn bei Laune zu halten, z.B. eine Mahlzeit.

Was, keine Butter?!
In einer Erzählung wurde ein Nisse wütend, weil er zu seinem Haferbrei keine Butter bekommen hatte, und tötete daraufhin eine Kuh. Als er zurückkehrte, sah er, dass die Butter nur auf den Boden der Schüssel gesunken war. Betroffen schlich er wieder in den Stall und legte Geld neben das tote Tier, um seine Reue zu zeigen.

Hilfreicher Nisse

In früheren Zeiten lebte auf jedem **skandinavischen Hof** ein Nisse. Diese nur **kindsgroßen** alten Männer waren hilfsbereit, konnten aber auch schnell wütend werden, wenn die Menschen sie nicht achteten oder Tiere schlecht behandelten.

Seid dankbar oder …

Zeigte sich ein Bauer dankbar gegenüber dem Nisse, konnte er sicher sein, dass seine Arbeit auf dem Bauernhof von Erfolg gekrönt war. War er jedoch undankbar, lief er Gefahr, dass der Kobold ihm Streiche spielte oder sich ganz aus dem Staub machte.

Ein Nisse spielte Streiche, indem er Kuhschwänze aneinanderband, das Vieh weglaufen ließ, Kerzen löschte oder Gegenstände zerbrach.

Kleiner Weihnachtsmann

In einem Roman aus dem 19. Jh. wird erstmals ein Nisse erwähnt, der Weihnachtsgeschenke bringt. So kam der Begriff „Julenisse" bzw. „Jultomte" auf – ein Nisse, der an Weihnachten (Jul) prüft, ob die Menschen sich gut um ihre Häuser und Tiere kümmern, und brave Kinder beschenkt.

Magische Kreaturen

Es heißt, die Arbeit auf einem Bauernhof lief nur gut, wenn ein Nisse sich darum kümmerte. So fanden etwa die Mägde und Knechte den Stall am Morgen bereits ausgemistet vor.

Die Nisse kümmerten sich um die Tiere und liebten besonders die Pferde. Man sagt, der Bauer versorge sie, der Nisse sorge dafür, dass sie rund und gesund seien.

Die größte Freude konnte man Nissen mit Haferbrei und einem Klecks Honig oder Butter machen.

Nisse waren scheu und mieden Lärm. Wenn Menschen in der Nähe waren, hielten sie sich lieber versteckt.

RUND UM DIE WELT

Kleines Volk

Geheimnisvolle kleine Wesen, die Menschen scheuen und nur in der Dämmerung auftauchen, finden sich in allen europäischen Mythen. Freundlich und hilfsbereit, aber auch **rachsüchtig** und böse – beim Umgang mit ihnen war Vorsicht geboten.

▼ **Elfen (Nordeuropa)** Geschichten über die mal als boshaft, mal als sanft beschriebenen Fabelwesen gibt es in England und Deutschland genauso wie im skandinavischen Raum, wo sie vermutlich ihren Ursprung haben. Es heißt, Elfen seien für böse Träume verantwortlich. In Deutschland nannte man Elfen früher „Alben", daher stammt die Bezeichnung „Albtraum".

DURCHBLICK Mehr über nordische Mythen erfährst du auf S. 90.

▲ **Korriganen (Frankreich)** Diese zwergenhaften Wesen scheuten das Licht, das sie in ihrer wahren Gestalt zeigte. Sie lebten an Quellen in der Nähe uralter Felsen und tanzten in der Abenddämmerung im Kreis.

▲ **Zwerge (Nordeuropa)** In Mythen werden Zwerge immer als kleine hässliche, missgestaltete Wesen dargestellt, die unterirdisch in Höhlen lebten. Sie galten als hervorragende Schmiedemeister und gewannen ihre Metalle durch Bergbau.

Magische Kreaturen

◀ **Leprechaun (Irland)** Bekannt als Schuhmacher der Feen und Sammler von Gold, wird der Leprechaun in einigen Legenden als Nachfahre der Túatha Dé Danann betrachtet – einer Gruppe irischer Siedler, die 1800 v.Chr. in Erdhügeln gelebt haben soll.

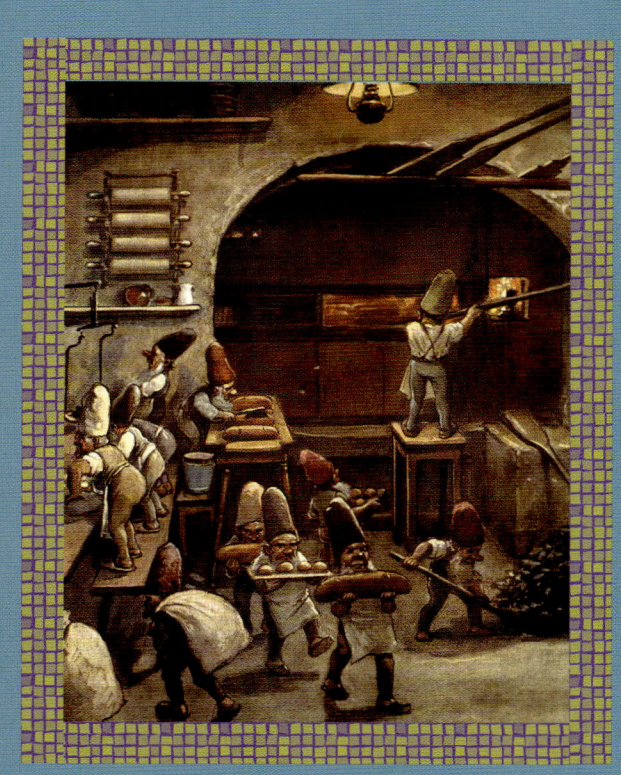

▲ **Heinzelmännchen (Deutschland)** Einer Kölner Sage nach handelte es sich bei diesen Hausgeistern um fleißige koboldartige Wesen, die nachts, wenn die Menschen schliefen, deren Arbeit verrichteten. Als sie einmal dabei beobachtet wurden, verschwanden sie jedoch für immer.

▶ **Lichtelfen (Skandinavien)** Die nordische Mythologie kennt zwei Arten von Elfen: Die Lichtelfen mit magischen Kräften lebten in Alfheimr, einer Welt zwischen Himmel und Erde. Die dunklen Elfen, gierig und widerspenstig, lebten unterirdisch wie die Zwerge.

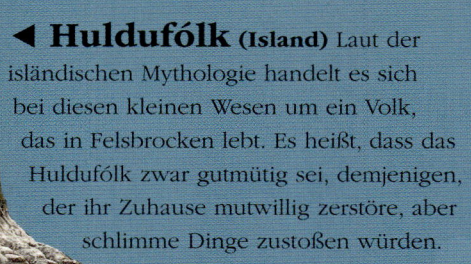

◀ **Huldufólk (Island)** Laut der isländischen Mythologie handelt es sich bei diesen kleinen Wesen um ein Volk, das in Felsbrocken lebt. Es heißt, dass das Huldufólk zwar gutmütig sei, demjenigen, der ihr Zuhause mutwillig zerstöre, aber schlimme Dinge zustoßen würden.

79

IM PORTRÄT

Biografie
Bunyip

Kreatur aus den Sümpfen
Es existieren viele unterschiedliche Beschreibungen über die Gestalt und das Aussehen des Bunyip. In einigen ist er halb Mensch, halb Tier, in anderen ähnelt er mehr einem Fisch oder einem Gorilla.

Sondermarke
1994 wurde ein Briefmarkenset mit vier Motiven gedruckt, die den Bunyip zeigen. Ähnelte er mehr einem mittelalterlichen Wasserspeier (oben) oder einem Geisterwesen, das über die Wasserlöcher wacht (unten)?

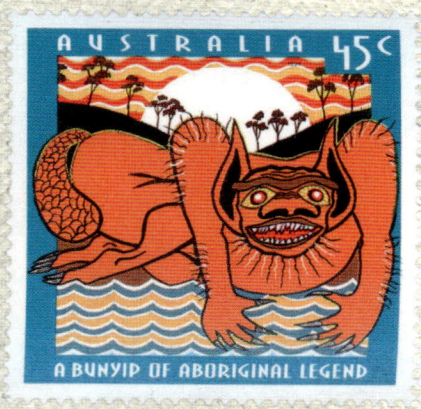

Ein Bunyip mit flachem Schwanz, mit dem er, übers Wasser peitschend, Menschen in die Tiefe lockt

Achtung: Bunyip!

In den tiefen Wasserlöchern und Sümpfen Australiens lauert der Bunyip. Dieser **bösartige** Geist lockt Menschen in die dunklen Gewässer und verschlingt jede Kreatur, die sich ihm nähert. **Gruselige** Schreie aus den Sümpfen sollen zu dieser Legende geführt haben.

Verbannter Geist …

Die schreckliche Kreatur kommt auch in den Traumzeitgeschichten der Aborigines vor. Einer Legende nach gab es einst einen Mann, der die Regeln der Regenbogenschlange (siehe S. 20) über das Zusammenleben missachtet hatte. Biami, der gute Geist, bestrafte ihn, indem er ihn von seinem Volk verbannte. Voller Zorn verwandelte sich der Mann in einen bösen Geist und wurde fortan Bunyip genannt. Des Nachts suchte er die Erde heim, brachte Unglück und Traurigkeit über alle Völker und verschlang Menschen, v. a. Frauen und Kinder.

… oder Nilpferd der Urzeit?

Vor etwa 40 000 Jahren lebte in Australien Diprotodon, ein etwa nashorngroßes pflanzenfressendes Beuteltier, das sich von Gräsern und Sträuchern ernährte. Es könnte sein, dass die Ureinwohner Australiens den nilpferdähnlichen Nachfahren dieses Beuteltiers sahen und so die Geschichten über den Bunyip entstanden.

Diprotodon war das größte Beuteltier aller Zeiten. Es war behaart und hatte scharfe Klauen, um Wurzeln auszugraben.

Magische Kreaturen

Böse Macht

Wer dem Bunyip zu nahe kam, den erwartete ein schreckliches Schicksal: Junge Frauen wurden zu Wassergeistern und lockten die Männer in die Fluten, wo sie ertranken.

Dunkles Fell

Hundeähnliches Gesicht

Ein Mann, der Aale fangen wollte, erwischte dabei einen jungen Bunyip. Er wurde in einen Schwan verwandelt.

Walrossähnliche Zähne

Ein Mann und seine Frau, die der Bunyip getrennt hatte, wurden zu Bäumen, deren Zweige sich einander zuneigten.

Fremde in den Sümpfen
Besonders im 19. Jh. berichteten Siedler immer wieder davon, dass sie Bunyips in den Sümpfen und Seen Australiens oder Tasmaniens gesehen hätten. Vielleicht handelte es sich bei diesen Kreaturen jedoch nur um entflohene Verbrecher, die sich – aus Angst, entdeckt zu werden – mit Schlamm beschmierten und laut schrien, um die Fremden wieder zu verscheuchen.

Koala-Schwätzchen

Der Legende nach ließ einmal eine Koalamutter ihr Baby jede Nacht allein, um mit dem Bunyip am Wasserloch zu plaudern. Die anderen Koalas hatten Angst, dass die Menschen sie deswegen nicht mehr mögen würden, und wollten die Koalamutter davon abhalten. Ein alter Koala bat die Geister um einen Zauber. Als die Koalamutter in dieser Nacht zurückkehrte, sagte der alte Koala dem Baby, es solle sich fest an seine Mutter klammern. Der Zauber war sehr stark und so hielt das Baby seine Mutter fortan davon ab, sich noch einmal mit dem Bunyip zu treffen.

GESCHICHTEN ERZÄHLEN

Baba Jaga und Wassilissa, die Schöne

Der rote Reiter steht für die Mittagssonne.

Baba Jaga, die Hexe
Knochige Gestalt
Die russische Hexe Baba Jaga war alt, hässlich und ungeduldig. Dennoch hieß es, sie halte ihre Versprechen. Baba Jaga flog in einem hölzernen Mörser durch die Luft und benutzte den Stößel als Steuerrad. Mit einem Besen verwischte sie ihre Spuren. Die Hexe verschlang auch Kinder, wenn diese nicht taten, was sie ihnen aufgetragen hatte.

Die drei Reiter
Die Baba Jaga, auch als „Hüterin des Lichts" bekannt, kontrollierte die Sonne mithilfe dreier Diener: Der erste, weiß gekleidet und auf weißem Pferd, brachte die Dämmerung. Der rote Reiter ließ die Mittagssonne wandern. Der letzte, schwarz gekleidet und mit schwarzem Pferd, war für die Nacht zuständig.

Wassilissa, die Schöne
Wassilissa bekam von ihrer sterbenden Mutter eine Puppe, womöglich eine Matroschka, eine traditionelle russische Holzpuppe, in der weitere Puppen stecken.

Glückliches Ende
Nachdem ihre Stiefmutter gestorben war, kümmerte sich eine alte Frau um Wassilissa. Mithilfe der Puppe gelang es ihr, ein so wunderbar weiches Tuch zu weben, dass die alte Frau es dem Zaren (König) schenkte. Dieser war so beeindruckt davon, dass er Wassilissa bat, ihn zu heiraten.

Es war einmal ein schönes Mädchen namens Wassilissa, dessen Mutter sehr krank war. Bevor sie starb, gab sie Wassilissa eine Holzpuppe und sagte, diese werde immer auf sie aufpassen, solange sie ihr zu essen gebe.

Wassilissas Vater heiratete wieder, doch seine Frau und ihre beiden Töchter hassten Wassilissa, weil sie so hübsch war. Bald musste ihr Vater längere Zeit verreisen und die Stiefmutter zwang Wassilissa, alle Hausarbeiten zu erledigen. Diese war traurig über die schlechte Behandlung, aber dankbar, dass ihre Puppe ihr bei der Arbeit half.

Eines Abends saßen die Stiefmutter, ihre Töchter und Wassilissa beisammen und nähten, als das Kaminfeuer und alle Kerzen erloschen. Die Stiefmutter befahl Wassilissa, in den Wald zu gehen und Licht von der Hexe Baba Jaga zu holen. Wassilissa fürchtete sich sehr, doch die Puppe spendete ihr Trost.

Während sie durch den Wald lief, wurde Wassilissa von einem weißen und dann von einem roten Reiter überrascht. Nach vielen Stunden des Wanderns ritt ein dritter Mann, diesmal ganz in Schwarz, an ihr vorbei. Er ließ sein Pferd auf eine Lichtung galoppieren und verschwand.

Auf der Lichtung erblickte Wassilissa eine seltsame Hütte. Sie war aus Knochen gebaut und stand auf Hühnerbeinen. Plötzlich erschien eine hässliche

Magische Kreaturen

Hexe. Es war die Baba Jaga! Aufgeregt bat Wassilissa die Alte um etwas Licht. Die Baba Jaga krächzte: „Zuerst musst du arbeiten! Machst du es gut, gebe ich dich frei, machst du es schlecht, fresse ich dich!" Am nächsten Tag musste Wassilissa die Hütte reinigen. Abends sollte sie aus einer Schüssel mit Getreide die verdorbenen Körner herauslesen. Wassilissa bat ihre Puppe um Hilfe und schlief erschöpft ein. Bei Sonnenaufgang war alles getan.

Am zweiten Tag befahl die Hexe Wassilissa Mohnsamen aus einem Haufen Dreck herauszusuchen. Wieder half ihr die Puppe. Als die Baba Jaga sie fragte, wie sie so schnell fertig werden konnte, erwiderte Wassilissa, die Liebe ihrer Mutter habe ihr geholfen. Im Wissen darum, nicht mit der Liebe einer Mutter konkurrieren zu können, gab die Hexe dem Mädchen einen Schädel mit leuchtenden Augen und schickte es fort.

Wassilissa lief nach Hause und gab ihrer Stiefmutter das Licht. Die leuchtenden Augen starrten die Stiefmutter und die Stiefschwestern unverwandt an und waren so grell, dass am nächsten Morgen nichts außer drei Häufchen Asche von ihnen übrig geblieben war.

BASTLE EIN BABA-JAGA-VOGELHÄUSCHEN

Nimm einen quadratischen Karton für das Haus, bemale die Wände mit Knochen und schneide ein Loch für die Vögel hinein. Verwende feste Pappe für das Dach. Nun befestige noch einen Kamin aus Knetmasse auf dem Dach und decke es mit Moos ab. Die Hühnerbeine kannst du aus biegsamem Draht oder Pfeifenreinigern herstellen.

IM PORTRÄT

Biografie
Kinder in den Sack

Fantasiegestalt
Das Aussehen dieser bösen Figur variiert von Land zu Land. Einmal wird sie als magerer oder behaarter Mann mit einem Sack über der Schulter beschrieben, ein andermal als Geist, als blauer Riesentropfen oder als grüner Nebel, der an den Fenstern kratzt.

Kakifrucht
Das koreanische Wort Kotgahm bezeichnet sowohl die Kakifrucht als auch den Mann mit dem Sack. Einer Legende nach drohte eine Mutter ihrem Kind, dass der Tiger es fressen würde, wenn es nicht zu weinen aufhörte. Ein vorbeilaufender Tiger hörte dies und wartete auf seine Mahlzeit. Als die Mutter dem Kind eine Kaki versprach und es sofort aufhörte zu weinen, dachte der Tiger, dass „Kaki" eine noch gewaltigere Bestie sein müsse als er.

Kokosnusskopf
In spanischsprachigen Ländern wie Peru, Mexiko oder Argentinien kennt man El Coco – den Kokosnussmann –, einen haarigen kleinen Kerl, dessen Kopf an eine Kokosnuss mit drei Löchern (als Augen und Mund) erinnern soll.

Kürbisgesicht
In Portugal gibt es den Sackmann mit Kürbiskopf. Traditionell entzündet man dort Kerzen in ausgehöhlten und geschnitzten Kürbissen und stellt diese in dunkle Ecken, um Leute zu erschrecken.

In den Sack *gesteckt*

Einst jagten Eltern ihren Kindern Angst ein, indem sie ihnen von einem unheimlichen, vermummten Gesellen erzählten, der im Dunkeln lauert und **ungehorsame** Kinder in seinen Sack steckt, um sie mitzunehmen. In Deutschland ist er unter dem Namen **Butzemann** (auch Mummelmann) bekannt, in England heißt er Bogeyman.

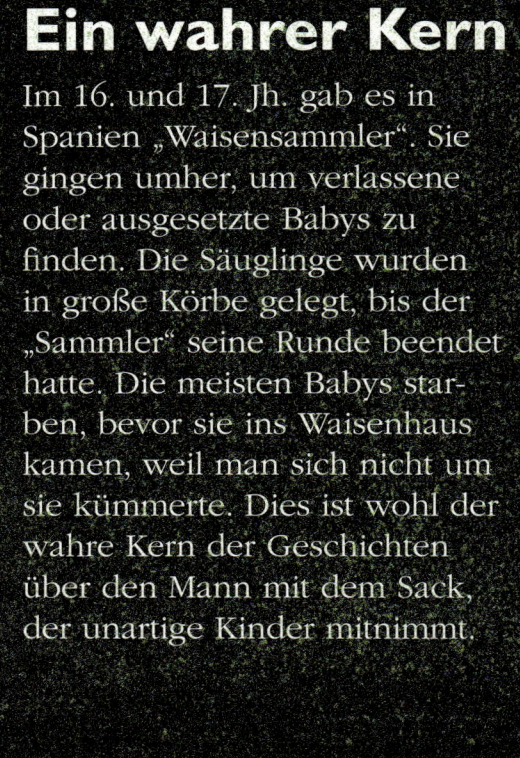

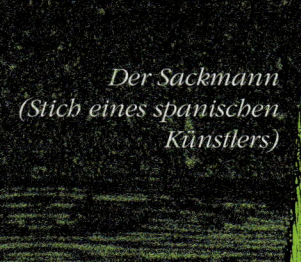

Ein wahrer Kern

Im 16. und 17. Jh. gab es in Spanien „Waisensammler". Sie gingen umher, um verlassene oder ausgesetzte Babys zu finden. Die Säuglinge wurden in große Körbe gelegt, bis der „Sammler" seine Runde beendet hatte. Die meisten Babys starben, bevor sie ins Waisenhaus kamen, weil man sich nicht um sie kümmerte. Dies ist wohl der wahre Kern der Geschichten über den Mann mit dem Sack, der unartige Kinder mitnimmt.

Der Sackmann (Stich eines spanischen Künstlers)

Magische Kreaturen

Im japanischen Akita verkleiden sich die Menschen als Namahage, ziehen durch die Dörfer und drohen an jeder Tür ungehorsame Kinder mit sich zu nehmen.

Achtung: Der Namahage geht um!

Kinder, die nicht schlafen gehen wollten oder unartig waren, wurden – so die Erwachsenen früher – von einer vermummten Gestalt in einem Sack mitgenommen. Diese versteckte sich im Schrank oder unter dem Bett, bis es dunkel war. In Japan heißt es, an jedem Neujahrstag gehe der Dämon Namahage von Haus zu Haus und frage die Eltern, ob sie faule oder freche Kinder haben.

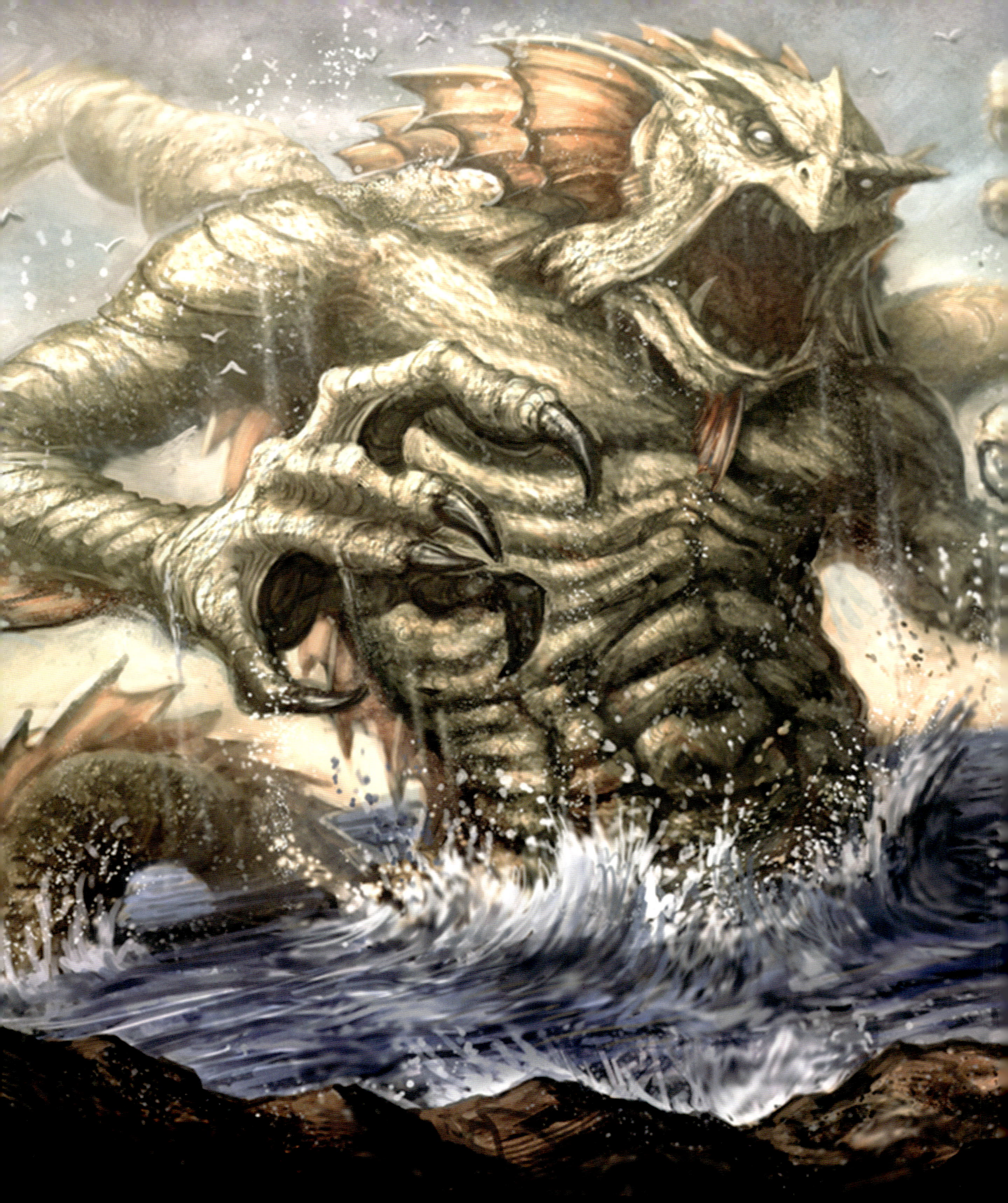

Götter und Helden

Jede Kultur hat ihre Helden – tapfere Krieger, die gewaltige Hindernisse überwinden und, oft mithilfe von göttlichem Beistand, die ihnen auferlegten Prüfungen meistern. Doch was macht Helden zu etwas Besonderem?

Perseus rettet Andromeda vor dem Seeungeheuer, indem er es mit dem Haupt der Medusa in Stein verwandelt (siehe S. 110).

RUND UM DIE WELT

Tapfere Krieger

Der **siegreiche** Held ist weltweit eine der beliebtesten Figuren in Legenden und Mythen. Viele Epen und Sagen ranken sich um die Abenteuer der starken und **furchtlosen** Männer, die sich durch nichts davon abbringen ließen, für ihre Überzeugung zu kämpfen.

◀ **Berserker** (Skandinavien) Diese gefürchteten Wikingerkrieger kämpften wie im Blutrausch, auch wenn sie schon schwer verwundet waren. Sie huldigten dem Kriegsgott Odin. Wir verwenden heute noch den Ausdruck „wie ein Berserker", wenn jemand blind vor Wut handelt.

▲ **Kadmos** (Phönizien) Der Legende nach war Kadmos der Gründer der griechischen Stadt Theben. Er soll einen Drachen besiegt haben, der seine Kameraden getötet hatte. Die Göttin Athene befahl ihm, die Zähne des Drachen in der Erde zu vergraben. Dort keimten sie und wuchsen zu einer Gruppe mächtiger Krieger heran – den Sparten.

DURCHBLICK Mehr über Achilleus erfährst du auf S. 112.

▲ **Achilleus** (Altes Griechenland) Seine Mutter tauchte ihn als Baby in den Fluss Styx, um ihn unbesiegbar zu machen. Nur seine Ferse, an der sie ihn festhielt, blieb verletzlich. Achilleus wurde ein nahezu unbezwingbarer Krieger – starb aber an einem Pfeil, den man ihm in die Ferse geschossen hatte!

Götter und Helden

▲ **König Artus und seine Ritter (England)** Einer alten Legende nach sollen König Artus und die Ritter der Tafelrunde in einer geheimen Höhle schlafen, allzeit bereit, für England in den Kampf zu ziehen (siehe S. 122).

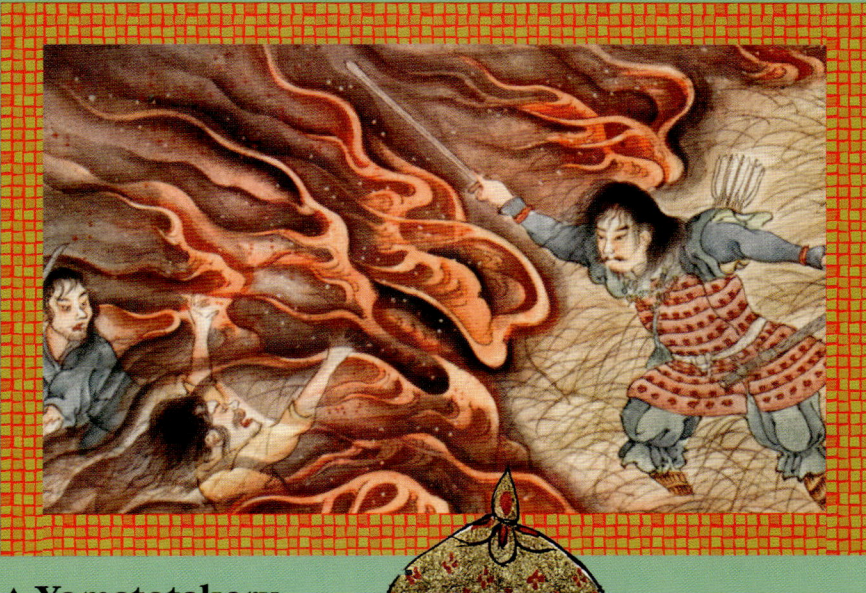

▲ **Hildebrand (Deutschland)** In dem Epos *Hildebrandslied* verlässt Hildebrand seinen kleinen Sohn und steht ihm Jahre später in einer Schlacht gegenüber. Hildebrand erkennt seinen Sohn, gibt sich selbst zu erkennen und will die Waffen ruhen lassen, doch sein Sohn, der im Glauben aufwuchs, sein Vater sei tot, vermutet dahinter eine List und lehnt ab. Hildebrand muss nun seinen eigenen Sohn töten oder selbst im Kampf sterben.

▲ **Yamatotakeru (Japan)** Der Held mit aufbrausendem Temperament wurde wegen Mords an seinem Bruder ins Exil verbannt. Dort gelang es ihm durch Stärke, Gewitztheit und mithilfe eines Schwerts des Gotts Susanoo, seinen Feinden zu entkommen.

▶ **Arjuna (Indien)** Arjuna, hier mit Krishna, wurde „Jishnu" – der Unbesiegbare – genannt. Er war pflichtbewusst und ein exzellenter Bogenschütze.

▲ **Finn MacCool (Irland)** Der Held des irischen Volks machte aus einer Gruppe von Gefährten eine speziell ausgebildete Kampfeinheit, um Irland vor Eindringlingen zu schützen.

89

WER IST WER?

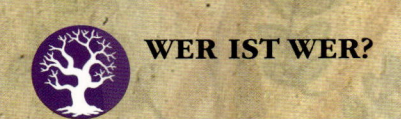

Nordische Götter

Die **Wikinger** waren skrupellose Krieger, die Länder außerhalb ihrer Heimat Norwegen, Schweden und Dänemark überfielen. Ihre Vorstellung von Göttern und mythischen Reichen spiegelte ihren **Kampfgeist** und die Rauheit der Landschaft wider. Sie glaubten, dass die Götter sie für ihren **Mut** belohnen würden.

Yggdrasil
Die Wikinger glaubten, dass eine große Esche, Yggdrasil, den Kosmos bilde und ihre Wurzeln und Zweige die neun Weltreiche trügen.

Jötunheim
Land der Riesen

Wanaheim
Land der Wanen, der Fruchtbarkeitsgötter, zu denen Njörd, Freya, Freyr, Idun und Sif gehören

Svartalfheim oder Nidawellir
Land der dunklen Elfen (Zwerge)

Asgard
Land der Asen, der Kriegsgötter

Liusalfheim
Land der Lichtelfen

Midgard
Welt der Menschen

Muspelheim
Land des Feuers – die zweite geschaffene Welt

Helheim
Reich der Toten

Niflheim
Land der Dunkelheit und des Eises – die zuerst geschaffene Welt

Tierischer Weltenbaum

Hræsvelgr, ein Riese in Adlergestalt, sitzt auf dem obersten Ast der Esche und lässt mit seinen Flügeln die Winde entstehen. Vier Hirsche stutzen die Zweige und ein Drache namens Nidhogg nagt an den Wurzeln und streitet mit dem Adler. Das Eichhörnchen Ratatöskr läuft den Stamm hinauf und hinunter und überbringt Nachrichten zwischen den beiden.

Götter und Helden

Odin (Wodan)
Hauptgott, Gott der Magie, der Dichtung und des Tods
Odin wird mit wallendem Mantel und langem Bart dargestellt. Er hat nur ein Auge, das hell wie die Sonne strahlt. Das andere tauschte er gegen Weisheit ein.

ODIN UND FRIGG HEIRATETEN. SIE HATTEN VIELE SÖHNE.

Frigg
Göttin der Ehe und der Mütter
Sie kannte das Schicksal eines jeden, verriet jedoch nie, was sie wusste.

Vidar
Starker, stiller, rachsüchtiger Gott
Er rächte den Tod seines Vaters, indem er den Wolf Fenrir im Ragnarök, dem letzten Kampf der Götter, tötete.

Thor (Donar)
Gott des Donners, der Himmel und Stürme
(siehe S. 92)
Thor hatte rotes Haar, trug eiserne Handschuhe, einen magischen Gürtel und schwang einen Hammer.

Mythische Wochentage
Einige unserer Wochentage weisen immer noch Bezüge zu nordischen Gottheiten auf. Die Bezeichnung „Donnerstag" leitet sich vom Donnergott Thor (auch Donar genannt) ab, der „Freitag" von Freya, vielleicht auch von Frigg.

Balder
Aus ihm erstrahlte das Licht, er war weise, sanft und schön.
Die anderen Götter liebten und beschützten ihn, am Ende starb er durch einen Mistelzweig (siehe S. 67). 
HEIRATETE

Nanna
Mächtige Göttin der Asen
Nach Balders Tod starb sie vor Trauer um ihn. Die beiden fanden sich in Helheim wieder.

Forseti
Gott des Rechts, der Versöhnung
Seine Urteile sprach er im golden und silbern glänzenden Saal Glitnir in Asgard.

Hödur
Ein blinder, mächtiger Gott
Er wurde von dem Gott Loki hereingelegt und tötete dabei seinen Bruder Balder.

Njörd
Gott der Meere und Winde
HEIRATETE

Skadi
Göttin der Jagd und des Winters
Sie waren nicht glücklich.

Skadi

Freya
Göttin der Liebe, Schönheit und Magie
Sie war auch eine Kriegsgöttin. Ihr standen die Hälfte der in einer Schlacht gefallenen Helden zu, Odin die andere.

Freyr
Gott des Friedens, Wetters und Reichtums
Der Zwillingsbruder von Freya starb im letzten Kampf der Götter und Riesen – Ragnarök –, da er sein magisches Schwert an seinen Diener Skirnir verliehen hatte.

Freyr

Hermodr
Botschaftergott
Er war kühn und tapfer und ging nach Helheim, um um die Rückkehr von Balder zu bitten.

Bragi
Gott der Dicht- und Redekunst
Er unterhielt die Götter und begrüßte die gefallenen Helden an ihrem Ruheort Walhall.
HEIRATETE

Idun
Göttin der ewigen Jugend
Sie wachte über die goldenen Äpfel, die die Götter aßen, um unsterblich zu sein. Durch den Halunken-Gott Loki geriet sie in die Gewalt eines Riesen, wurde aber von Loki gerettet.

Tyr
Gott des Kriegs
Als die Götter den Wolf Fenrir mit einer magischen Fessel binden wollten, legte Tyr ihm seine Hand als Pfand ins Maul, um ihn zu besänftigen. Doch Fenrir biss sie ab.

Heimdall
Wächter der Götter
Er wurde von neun Schwestern geboren und bewachte die Regenbogenbrücke Bifröst. Sie führte von Asgard, dem Land der Götter, nach Midgard, der Welt der Menschen. Mit einem Horn warnte er vor Eindringlingen.

Idun verteilt ihre goldenen Äpfel.

IM PORTRÄT

Biografie
Thor, Gott des Donners, des Wetters und der Fruchtbarkeit

Familienstammbaum
Thor war der Sohn von der Riesin Jörd (Erde) und Odin, dem Hauptgott.

Odin, Vater von Thor

Thor heiratete Sif, die für ihr goldblondes Haar bekannt war. Als Loki ihr die Haare abschnitt, schmiedeten die Zwerge ihr neues Haar aus echtem Gold.

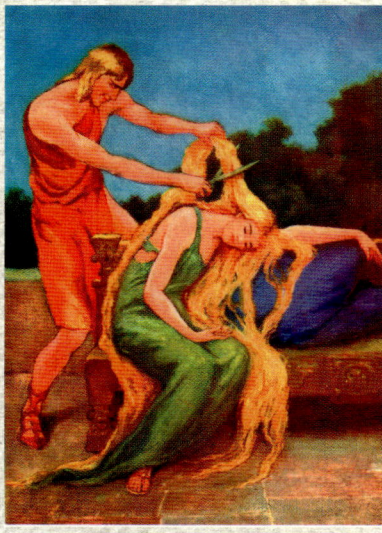

Der Halunken-Gott Loki schnitt Sifs goldblondes Haar ab.

Thor hatte auch ein Verhältnis mit der Riesin Jarnsaxa. Sie gebar ihm zwei Söhne: Magni („der Starke") und Modi („der Zornige").

Thors Reich
In Asgard, dem Land der Götter, lebte Thor im Reich Thrudheim („Felder der Stärke"). Dort stand sein riesiger Palast Bilskirnir, der ein goldenes Dach hatte.

Eisenhandschuhe (Jarngreiper)

Hammer (Mjölnir)

Magischer Gürtel (Megingiard)

Donnernder Thor

Einer der wichtigsten **Wikingergötter** war Thor, der temperamentvolle, rothaarige, Hammer schwingende Himmelsgott. Viele Mythen berichten über seine Schlachten gegen die **Riesen**, die Hauptfeinde der Götter, doch sein Erzfeind war die Midgardschlange **Jörmungandr**. Sie war so groß, dass sie sich unterhalb der Meere um die gesamte Welt wand.

Donnergrollen

Thor war bekannt dafür, dass er leicht die Beherrschung verlor. Es donnerte, wenn er auf seinem Wagen – gezogen von den Ziegenböcken Tanngnjostr („Zähneknisterer") und Tanngrisnir („Zähneknirscher") – über die Himmel rollte. Sein magischer Hammer schleuderte Blitze, wenn er ihn, gestärkt durch den magischen Gürtel, auf die Köpfe der Riesen schlug.

Tanngnjostr und Tanngrisnir

Götter und Helden

Ragnarök, die letzte Schlacht

Laut einer Prophezeiung sollte Ragnarök Thors letzte Schlacht werden, in der er seinen Erzfeind Jörmungandr töten und es zum Weltuntergang kommen würde. Thor selbst würde dabei durch den giftigen Atem der Schlange sterben. Ragnarök wird manchmal mit „Götterdämmerung" übersetzt, weil fast alle Götter dabei starben.

Einmal fing Thor die Schlange mit einem Ochsenkopf-Köder, doch der Riese Hymir hatte solche Angst vor ihr, dass er das Seil kappte, bevor Thor sie mit dem Hammer erschlagen konnte.

Thors Hammer Mjölnir war von den Zwergen Brokkr und Eitri als Teil einer Wette für den Gott Loki geschmiedet worden. Loki schenkte Thor den Hammer, damit dieser sich nicht für das Abschneiden von Sifs Haaren an ihm rächte.

GESCHICHTEN ERZÄHLEN

Drei Wassernymphen, die Rheintöchter, bewachen den Nibelungenschatz am Grund des Rheins.

Damals wie heute
Heldenepos
Die Sage um die Nibelungen ist eine von vielen, die wir aus Heldenepen (langen erzählenden Gedichten) kennen. Sie wird wohl erstmals im lateinischen Werk Walthius *aus dem 10. Jh. erwähnt. In Skandinavien gefundene Runensteine (Steine mit eingeritzten Schriftzeichen) zeigen, dass die Sage Teil der nordischen Mythologie war. Auch das deutsche* Nibelungenlied *befasst sich mit ihr. Es stammt aus dem Mittelalter, als Epen eine beliebte Form des Geschichtenerzählens waren.*

Erfolgreicher Ringzyklus
Heutzutage kennen wir die Nibelungensage v.a. durch das erfolgreiche Musikdrama des deutschen Komponisten Richard Wagner, Der Ring des Nibelungen. *Das monumentale Werk, das insgesamt 16 Stunden dauert, besteht aus vier einzelnen Opern:* Das Rheingold, Die Walküre, Siegfried *und* Götterdämmerung.

Der Ring
In Wagners Version der Sage besitzt der Zwerg Alberich einen magischen goldenen Ring und ist dadurch im Besitz des Nibelungenschatzes im Rhein. Viele Götter versuchen, ihm den Ring abzunehmen. Als es ihnen gelingt, belegt Alberich den Ring mit einem Fluch, der auch den Helden Siegfried tötet. Daraufhin bringt Brünhild, seine Geliebte, den Ring den Rheintöchtern zurück, doch es ist zu spät: Die Herrschaft der Götter ist vorbei.

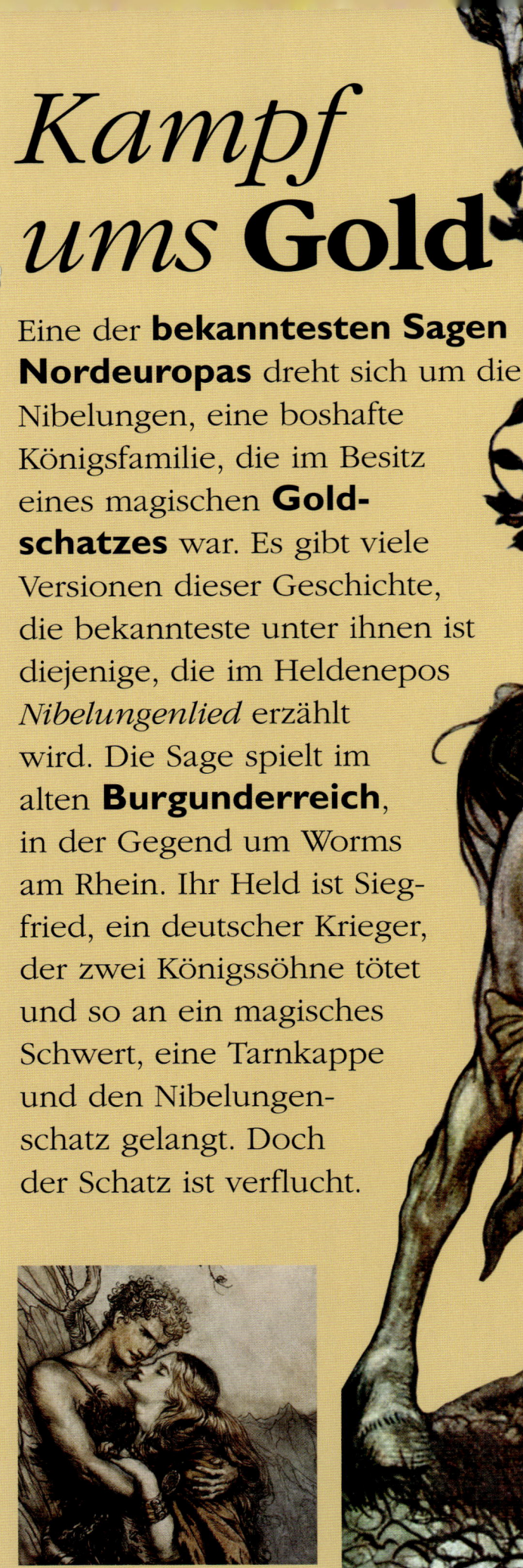

Kampf ums Gold

Eine der **bekanntesten Sagen Nordeuropas** dreht sich um die Nibelungen, eine boshafte Königsfamilie, die im Besitz eines magischen **Goldschatzes** war. Es gibt viele Versionen dieser Geschichte, die bekannteste unter ihnen ist diejenige, die im Heldenepos *Nibelungenlied* erzählt wird. Die Sage spielt im alten **Burgunderreich**, in der Gegend um Worms am Rhein. Ihr Held ist Siegfried, ein deutscher Krieger, der zwei Königssöhne tötet und so an ein magisches Schwert, eine Tarnkappe und den Nibelungenschatz gelangt. Doch der Schatz ist verflucht.

Siegfried und Brünhild

Götter und Helden

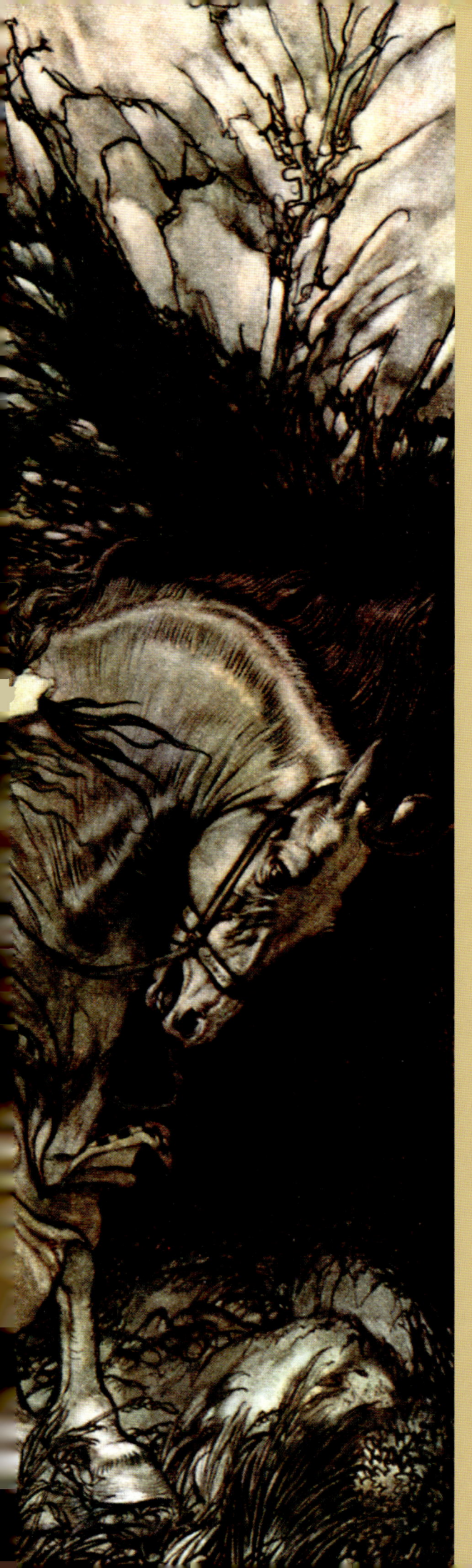

Beflügelt durch seinen Erfolg, umwirbt Siegfried Kriemhild, die schöne Schwester von König Gunther. Hagen, Gunthers boshafter Bruder, will den Schatz für sich und warnt den König vor Siegfried. Dieser jedoch kann Gunthers Vertrauen gewinnen, indem er mit ihm gegen seine Erzfeinde, die Sachsen, kämpft.

Gunther stimmt der Heirat zwischen Siegfried und Kriemhild unter der Bedingung zu, dass Siegfried nun ihm dabei helfe, Brünhild – die isländische Königin – für sich zu gewinnen. Zusammen brechen Gunther und Siegfried nach Island auf. Brünhild fordert Gunther zum Kampf heraus, doch stattdessen besiegt Siegfried sie – unerkannt unter der Tarnkappe. Im Glauben, Gunther sei der starke Krieger, willigt sie in eine Heirat ein.

Brünhild entdeckt schließlich entsetzt, dass sie mit dem schwächeren Gunther verheiratet ist, und Gunther wird eifersüchtig auf Siegfried. Er beauftragt Hagen, der noch immer den Schatz begehrt, Siegfried zu töten. Kriemhild, die sich als Erbin des Schatzes versteht, schwört, diesen zu verwenden, um den Tod ihres Mannes zu rächen. Doch Hagen hat den Schatz bereits an sich gerissen und versenkt ihn an einem geheimen Ort im Rhein.

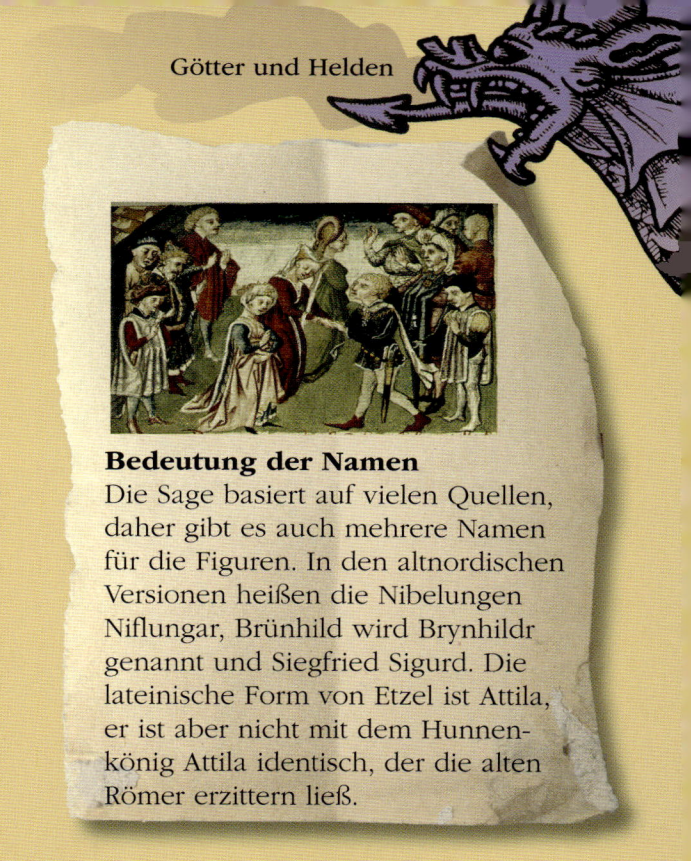

Bedeutung der Namen
Die Sage basiert auf vielen Quellen, daher gibt es auch mehrere Namen für die Figuren. In den altnordischen Versionen heißen die Nibelungen Niflungar, Brünhild wird Brynhildr genannt und Siegfried Sigurd. Die lateinische Form von Etzel ist Attila, er ist aber nicht mit dem Hunnenkönig Attila identisch, der die alten Römer erzittern ließ.

Jahre später übt Kriemhild Rache. Sie heiratet Etzel, den König der Hunnen, lockt Gunther und Hagen an dessen Hof und lässt sie ermorden. Sie selbst wird von deren Getreuen getötet. Hagen nimmt sein Wissen um das Versteck des Goldes mit in den Tod. Der Schatz liegt immer noch am Grund des Rheins.

RUND UM DIE WELT

Mythische Wesen

Mythische Wesen besitzen ein **außergewöhnliches Äußeres**. Ihre Körper setzten sich oft aus denen unterschiedlicher Tiere zusammen und sie besitzen übernatürliche Kräfte. Einige sind böse, andere hilfsbereit, und manche, wie das Einhorn, symbolisieren das Gute.

▶ **Garuda (Indien)** In der hinduistischen und buddhistischen Mythologie wird der adlerköpfige Gott Garuda als Reittier des Gotts Vishnu und als Zerstörer des Bösen verehrt. Garudas Erzfeind ist die Schlange, daher trägt man sein Bild als Schutz vor Schlangenbissen bei sich.

▼ **Mantikor (Persien/Altes Griechenland)** Im alten Griechenland stritt man darüber, ob dieses menschenfressende Wesen, das einen Löwenkörper, ein menschliches Gesicht und den Giftstachel eines Skorpions besaß, wirklich existierte.

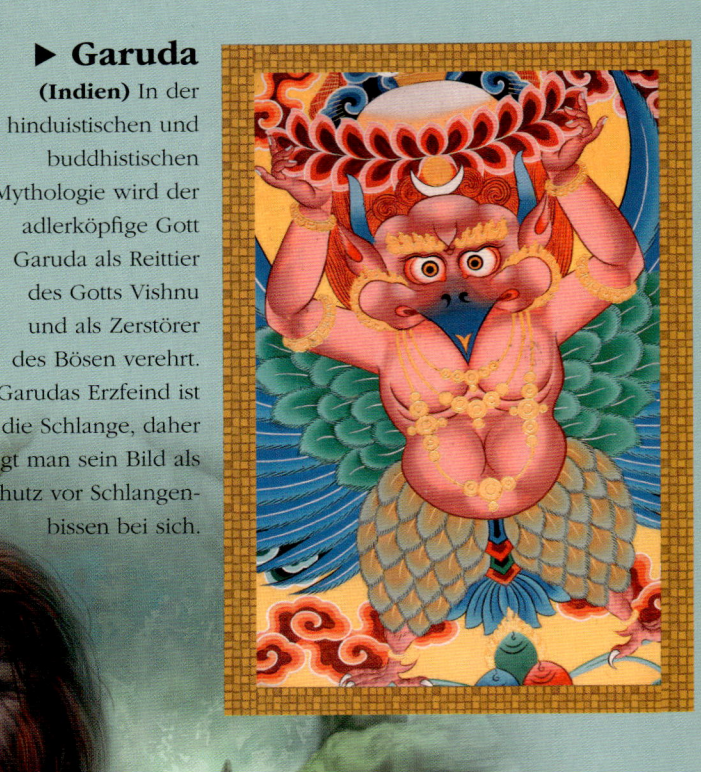

▼ **Chimäre (Altes Griechenland)** Dieses feuerspeiende Ungeheuer war eine Mischung aus Löwe, Ziege und Drache. Es lebte in den Bergen Kleinasiens und tötete alles und jeden. Der Held Bellerophon auf seinem geflügelten Pferd Pegasos stieß ihm einen Bleiklumpen in den Rachen. Dieser schmolz im Feueratem der Chimäre und ließ das Biest ersticken.

Götter und Helden

▲ **Tarasque (Frankreich)** Laut einer Legende terrorisierte dieses bösartige, drachenähnliche Ungeheuer Dörfer in Südfrankreich. Alles, was es berührte, ging in Flammen auf. Schließlich wurde es von der heiligen Martha bezwungen und gezähmt.

▶ **Einhorn (Frankreich)** Sein Horn soll heilende Kräfte besessen haben. Zu Pulver gemahlen, diente es im Mittelalter als Medizin. Vermutlich handelte es sich dabei aber um Stoßzähne des Narwals.

◀ **Kentaur (Altes Griechenland)** Diese Waldwesen, halb Mensch, halb Pferd, wurden aufgrund ihrer Wildheit gefürchtet. Der Kentaur Cheiron jedoch war für sein freundliches Wesen bekannt.

▼ **Greif (Europa/Asien)** Die für ihre Stärke berühmten Adler-Löwen-Wesen bauten Nester aus Gold, die sie grimmig bewachten. Die Mythen über den Greif entstanden, nachdem man auf versteinerte Dinosaurierknochen gestoßen war.

◀ **Draugr (Skandinavien)** Laut einer alten Legende hausten diese Monster in Wikingergräbern und verfolgten die Lebenden. In neueren Versionen heißt es, Seeleute, die in einem halben Boot rudernde Draugar sahen, seien zum Tod durch Ertrinken verdammt.

WER IST WER?

Indische Götter

Die indischen Mythen vereinen die Gottheiten aus den frühen **Veden** und den späteren hinduistischen Geschichten. Sie sollen Menschen zeigen, wie sie ein **besseres Leben führen** können. Im Hintergrund all dieser Erzählungen stehen die drei mächtigen **hinduistischen** Hauptgötter Brahma, Vishnu und Shiva.

Matsya, der Fisch — *Kurma, die Schildkröte* — *Varaha, der Eber* — *Narasimha, der Löwe* — *Vamana, der Zwerg* — *Parashurama, der Krieger* — *Rama, der Prinz* — *Krishna, der König* — *Buddha, der spirituelle Führer* — *Kalki, der Zukünftige*

Zehn Avatare
Als das Gleichgewicht zwischen Gut und Böse im Kosmos ins Wanken geriet, nahm der Gott Vishnu menschliche Gestalt an, um die Harmonie wiederherzustellen. Bereits neun Wiedergeburten (Avataras) in verschiedener Gestalt liegen hinter ihm, um die Weltordnung wiederherzustellen. Die zehnte, Kalki, wird „am Ende der Zeiten" kommen.

Gott Vishnu
Bewahrer und Beschützer
Er steht für Frieden, Güte und das kosmische Gleichgewicht und hält eine Schneckenmuschel, eine Wurfscheibe, eine Keule und eine Lotosblume in Händen.

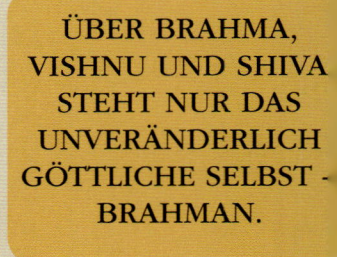

Saraswati
Göttin der Weisheit Sie ist als Zeichen der Reinheit meist weiß gekleidet und hält eine Muschel (Symbol der Weisheit) in der Hand. Hier spielt sie auf einem indischen Saiteninstrument (Vina).

Gott Brahma
Schöpfer
Er wuchs in einer Lotosblume aus Vishnus Nabel und erschuf die Göttin Saraswati, die ihm bei der Erschaffung der Welt helfen sollte.

> ÜBER BRAHMA, VISHNU UND SHIVA STEHT NUR DAS UNVERÄNDERLICH GÖTTLICHE SELBST - BRAHMAN.

Indra, der König der Halbgötter — *Varuna, der Gott der Meere* — *Vayu, der Gott der Winde* — *Agni, der Gott des Feuers*

Devas und Dämonen
Deva ist eine indische Bezeichnung für die „Gott dienenden" Götter. Sie befinden sich auf höheren Ebenen als die Menschen, sind demnach Halbgötter oder auch überirdische Wesen. Ihre Erzfeinde waren die Dämonen, die sie angriffen und Unordnung stifteten. Die Dämonen verloren die Kämpfe stets, weil Brahma, Vishnu und Shiva die Halbgötter unterstützten.

Ravana, der zehnköpfige Dämonenkönig

Götter und Helden

Wie man einen Fluss besänftigt
Der Fluss Ganges ist den Indern heilig, denn er gilt als Gestalt gewordene Göttin Ganga und soll einst durch die Himmel geflossen sein: Eines Tages beleidigte die schöne Göttin einen der sieben Weisen und sein Fluch verwandelte sie in einen Fluss. In einer Version der Geschichte soll Ganga von Brahma auf die Erde geschickt worden sein. Voller Wut darüber wollte sie die Erde überfluten, doch als ihre Wassermassen hinabstürzten, trat ihr Shiva in den Weg und fing Ganga in seinen Haaren auf. Er sorgte dafür, dass sie sanft aus seinen Haaren auf die Erde rann und durch das Himalaja-Gebirge floss.

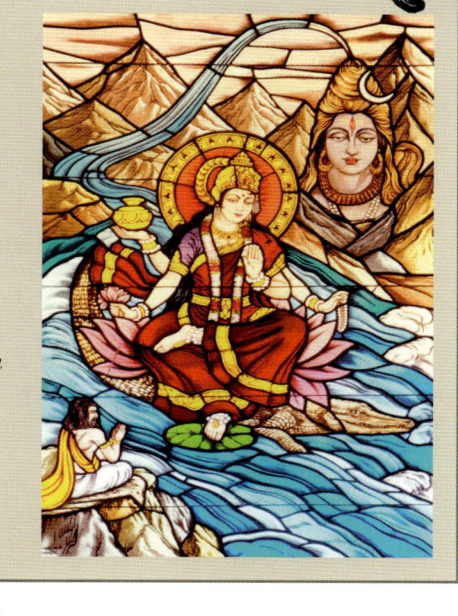

Shiva kontrolliert den Lauf der Flussgöttin Ganga.

Lakshmi
Göttin der Schönheit, des Lichts, des Reichtums und des Glücks Sie wird oft auf einer Lotosblume sitzend dargestellt. Die Goldmünzen, die aus ihren Händen springen, stehen für Reichtum.

Shiva ist auch als Gott des Tanzes bekannt. Durch seine wilden Tänze soll er die Schöpfung in Schach halten.

Parvati, Lakshmi und Saraswati sind alle Formen der großen Göttin Mahadevi. Diese erscheint auch als Durga (siehe S. 100) und als Kali, die Göttin der Zerstörung.

Gott Shiva
Zerstörer
Er ist der Gott der Gegensätze und kann den Kosmos zerstören, um einen perfekteren Neubeginn zu ermöglichen. Er besitzt ein drittes Auge für die Weisheit.

Parvati
Göttin der Kraft und Macht
Als Shivas Frau beruhigt sie ihn durch Liebe und Geduld. Zugleich verkörpert sie das Bild der Leben spendenden Mutter.

Kartikeya
Anführer der Deva-Armee
Der vollkommene und tapfere Sohn Shivas wurde geschaffen, um die Dämonen und alles Böse zu zerstören.

Ganesha
Gott des Erfolgs Dieser bekannte elefantenköpfige Gott verbannte das Böse und beseitigte alle Hindernisse, um den Menschen zum Erfolg zu verhelfen.

IM PORTRÄT

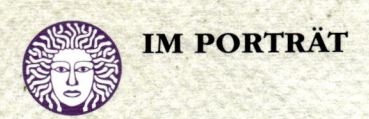

Biografie
Durga, Göttin des Kosmos

Bedeutung des Namens
Durga heißt so viel wie „die schwer zu Begreifende".

Verschiedene Formen
Durga ist eine Form der in unterschiedlichen Gestalten auftretenden Mahadevi, der göttlichen Macht, die bereits zu Beginn der Schöpfung existierte. Zu ihren Erscheinungsformen gehören weiterhin:

Parvati, sorgende, sanfte Göttin der Tapferkeit, Lakshmi, Göttin des Lichts und Wohlstands, Kali, Göttin des Tods und der Zerstörung, Saraswati, Göttin der Weisheit, und Sati, Göttin des langen Lebens.

Kali  *Saraswati*

Familienstammbaum
Als sanfte Parvati ist sie Shiva, dem Zerstörer, zugeordnet.

Als Parvati hat sie zwei Söhne – Kartikeya, Anführer der Deva-Armee, und Ganesha, Gott des Erfolgs – und eine Tochter – Jyoti, Göttin des Lichts und der Weisheit.

Ganesha

Göttin Durga

Die Geschichten über die **unbesiegbare** Hindu-Göttin Durga handeln von den schrecklichen Schlachten mit den Dämonen. Durga besitzt eine große zerstörerische Kraft, die sie benutzt, um über das Böse zu triumphieren. Sie erhält die Ordnung des gesamten Kosmos.

Erzfeind

Als die Erde, die Himmel und der Kosmos von der Armee des Büffeldämonen Mahishasura bedroht wurden, sammelten die Götter ihre Kräfte, um Durga zu erschaffen. Als die Göttin sich gegen die Dämonen erhob, schenkten ihr die anderen Götter ihre eigenen Waffen:

Vishwakarma gab ihr die Axt.
Kala gab ihr den Säbel.
Kubera gab ihr die Keule.
Vayu gab ihr den Bogen.
Shiva gab ihr den Dreizack.
Surya gab ihr die Pfeile.
Vishnu gab ihr den Diskus.
Varuna gab ihr die Muschel.

Gewaltige Schlacht

Während des Kampfs nahm der Dämon Mahishasura immer wieder eine andere Gestalt an – die eines Büffels, eines Elefanten und eines Löwen –, doch Durga besiegte ihn jedes Mal. Schließlich ließ sie ihn durch ein Licht erstarren, das aus ihrem Körper strahlte, und schlug ihm dann den Kopf ab.

Götter und Helden

Durga wird mit acht oder zehn Armen dargestellt, die für verschiedene Richtungen des Hinduismus stehen. Dies soll bedeuten, dass Durga die Gläubigen aller Richtungen beschützt.

Rote Kleider bedeuten „Action": Durga ist fortwährend mit der Zerstörung des Bösen und dem Schutz vor Leid beschäftigt.

Durga hat drei Augen. Das linke symbolisiert Verlangen, das rechte Handlung und das dritte „Auge" auf der Stirn die Weisheit.

Diese noch nicht ganz erblühte Lotosblume steht als Symbol dafür, dass der Sieg nahe, die Schlacht aber noch nicht vorüber ist.

Die Muschelschale erzeugt den Klang des Triumphs über das Böse.

Sie reitet auf einem Löwen oder Tiger, um Macht und Entschlossenheit zu zeigen.

GESCHICHTEN ERZÄHLEN

Ōkuninushi und das weiße Kaninchen

Der **Izumo-Zirkel** umfasst Mythen von Göttern, die in der historischen Provinz Izumo in Japan lebten. **Susanoo**, der Gott des Sturms, wurde aus den Himmeln verbannt, da er **Amaterasu**, die Sonnengöttin, verärgert hatte (siehe S. 18). Er heiratete die Prinzessin der Reisfelder und siedelte sich mit ihr in Izumo an. Ihr Sohn Ōkuninushi spielt in den Mythen ebenfalls eine wichtige Rolle.

Ōkuninushi hatte 80 Brüder, die alle die hübsche Prinzessin Ya-gami-hime heiraten wollten. Die Brüder machten sich zu ihr auf den Weg und nahmen Ōkuninushi als Gepäckträger mit. Unterwegs trafen sie auf einen Hasen, der sehr verzweifelt war, weil er sein Fell verloren hatte.

„Was kann ich tun, damit mein Fell wieder wächst?", jammerte er.

„Bade in Salzwasser", rieten ihm die gemeinen Brüder und gingen weiter. Als der Hase ihrem Rat folgte, verschlimmerte sich sein Leid.

Eine Weile später begegnete auch Ōkuninushi dem Hasen. „Wie hast du dein Fell verloren?", fragte er freundlich. Da erzählte das Tier ihm seine Geschichte.

„Ich wollte die Prinzessin besuchen und musste dazu von meiner Insel zu ihr gelangen. Ich sagte einem Krokodil, dass meine Familie größer sei als seine. Da es dies nicht glauben wollte, schlug ich vor, dass sich alle Krokodile von Ufer zu Ufer im Wasser aufreihen und ich sie zähle. So geschah es und ich sprang von einem Rücken zum nächsten. Schließlich begriffen die Krokodile, dass ich sie ausgetrickst hatte, und das letzte riss mir das Fell vom Leib. Wie kann ich es wieder wachsen lassen?"

„Bade in Süßwasser und wälze dich dann in den Schilfrohrsamen", schlug Ōkuninushi vor.

Der Hase tat es und sein Fell wuchs nach. Da gab sich der Hase als Gott zu erkennen und versprach Ōkuninushi, dass er die Prinzessin zur Frau bekomme.

Seine eifersüchtigen Brüder rollten einen glühend heißen Felsbrocken auf Ōkuninushi zu. Der hielt ihn für einen Eber, packte ihn und verbrannte dabei. Die Götter erweckten ihn wieder zum Leben. Danach erstickten ihn die Brüder, doch auch diesmal wurde er durch die Götter gerettet. Ōkuninushi floh in die Unterwelt, wo er weitere Abenteuer bestand.

PUPPENTHEATER
Bastle aus Filz und anderen Materialien eine Hasen-Fingerpuppe. Aus einer alten Socke oder einem Wollhandschuh kannst du ein Krokodil machen. Klebe Augen auf und nimm Stoffreste für Zähne, Zunge und Rückenstacheln. Nun kannst du die Geschichte nachspielen.

Götter und Helden

Susanoo kämpft gegen einen Wasserdrachen.

Und so geht es weiter ...
Neue Herausforderungen
In der Unterwelt verliebte Ōkuninushi sich in seine Halbschwester Suseri-hime. Ihr Vater Susanoo aber wollte, dass Ōkuninushi sich zuvor als würdiger Ehemann erweise. Er stellte ihm eine Reihe schwieriger Aufgaben. Suseri-hime half Ōkuninushi, sie zu bestehen, doch ihr Vater lehnte eine Heirat der beiden weiterhin ab.

Die Flucht
Eines Nachts band Ōkuninushi den schlafenden Susanoo mit seinen langen Haaren an die Dachsparren seines Palasts. Dann nahm er sich die Waffen des Vaters und ergriff mit Suseri-hime die Flucht. Als Susanoo erwachte, musste er zunächst den Palast niederreißen, bevor er die beiden verfolgen konnte.

Mächtiger Herrscher
Ōkuninushi und Suseri-hime verließen die Unterwelt. Mit den Waffen des Vaters kämpfte Ōkuninushi gegen seine Brüder und stieg zum Herrscher über Izumo auf. Später wurde er der Gott der Fülle, Heilkraft, Magie und der glücklichen Ehe.

IM PORTRÄT

Biografie
Herakles

Familienstammbaum
Bei den alten Römern ist er als Herkules bekannt. Er war der Sohn von Zeus (Jupiter) und der Sterblichen Alkmene. Hera, Zeus Frau, war wütend auf ihren Mann, ließ ihren Zorn jedoch an Herakles aus.

Herakles bezwingt den Nemeischen Löwen mit bloßen Händen.

Die zwölf Aufgaben des Herakles

1. Tötung des Nemeischen Löwen

2. Bezwingung der Hydra. Herakles brannte ihre acht sterblichen Köpfe ab, den unsterblichen begrub er.

3. Einfangen der Kerynitischen Hirschkuh, die ein Goldgeweih und -hufe hatte

4. Einfangen des Erymanthischen Ebers

5. Ausmisten der 30 Ställe des Augias innerhalb eines Tages

6. Tötung der Stymphalischen, menschenfressenden Vögel

7. Einfangen des Kretischen Stiers

8. Zähmung der menschenfressenden Pferde des Diomedes

9. Beschaffung des Gürtels der Amazonenkönigin Hippolyte

10. Raub der Rinderherde des Geryon

11. Pflücken der goldenen Äpfel der Hesperiden

12. Beschaffung des dreiköpfigen Unterwelthunds Kerberos

Herakles, der Held

Der **griechische Halbgott** Herakles wurde oft von Hera, der Gattin des Zeus, verfolgt. Einmal belegte sie ihn mit einem Wahn, sodass er völlig von Sinnen seine eigene Familie tötete. Voll Reue über die schreckliche Tat suchte er das Orakel von Delphi auf. Um Vergebung zu erlangen, musste er zwölf **Aufgaben** erfüllen, die ihm König Eurystheus auferlegte.

Vergiftetes Blut

Herakles erlebte noch mehr Abenteuer. Während einer Flussüberquerung entführte der Kentaur Nessos seine Frau Deianeira. Herakles tötete ihn mit einem Pfeil, der mit dem Blut der Hydra vergiftet worden war. Bevor Nessos starb, überredete er Deianeira, etwas von seinem vergossenen Blut als Mittel gegen Untreue aufzubewahren.

Nessos Blut war durch den Pfeil vergiftet und würde Herakles töten, wenn Deianeira es anwenden sollte.

Tod des Herakles

Herakles fleht Zeus an. Dieser hat Mitleid mit ihm und schenkt ihm schließlich Unsterblichkeit.

Jahre später hörte Deianeira Gerüchte, dass Herakles sie betrüge. Nicht ahnend, dass Nessos Blut vergiftet war, tränkte sie damit ein Hemd. Als Herakles es überstreifte, bekam er furchtbare Schmerzen, konnte das Hemd aber nicht mehr ausziehen. Schließlich ließ er sich von einem Freund verbrennen, um von seinen Qualen erlöst zu werden.

Götter und Helden

Herakles trug einen Löwenumhang. Den Löwen hatte er erlegt, als dieser das Vieh seines Vaters angegriffen hatte.

Herakles führte stets eine Holzkeule als Waffe mit sich.

Da Herakles von einem Gott abstammte, war er nahezu unsterblich: Er war größer, stärker und geschickter als alle anderen Männer.

Schon als Kind war Herakles sehr stark und hatte einmal zwei riesige Schlangen erwürgt.

Herakles und Hermes bitten an Athenes Altar um göttlichen Schutz.

Herakles Schwester Athene
Athene war Herakles Halbschwester, Tochter des Zeus und Göttin des Kriegs. Sie half ihm bei drei seiner Aufgaben: Sie gab ihm Klappern, um die Stymphalischen Vögel aufzuscheuchen, brachte die Äpfel der Hesperiden zurück und führte Kerberos aus der Unterwelt.

RUND UM DIE WELT

Heldinnen

Weibliche Helden tauchen in Mythen und Legenden als **Beschützer** und Retter auf oder schlüpfen verkleidet in die Rolle männlicher **Krieger**.

▼ **Johanna von Orléans** (Frankreich) Es heißt, der Erzengel Michael habe ihr mit 13 Jahren in einer Vision befohlen, sich dem Kampf gegen die Engländer anzuschließen. Die Heiligen halfen ihr, ein Schwert hinter einem Kirchenaltar zu finden. Wie von Zauberhand sei der Rost abgefallen, als sie es in die Hand nahm.

DURCHBLICK
Mehr über Troja erfährst du auf S. 112.

▲ **Amazonen** (Altes Griechenland) Dieses rein weibliche Volk wurde von der Königin Hippolyte angeführt, der Tochter des griechischen Kriegsgotts Ares. Die Amazonen galten als starke und kluge Kriegerinnen. In einer Version des Mythos kämpfen sie unter ihrer Königin Penthesilea für Troja, nachdem der trojanische Held Hektor getötet worden war.

▲ **Tapfere Büffelkalb-Frau** (Nordamerika) In Mythen der Cheyenne-Indianer stürzte sich die Tapfere Büffelkalb-Frau für ihren Bruder in ein Schlachtgetümmel und machte so den Kriegern Mut.

Götter und Helden

▼ **Oyá (Westafrika)** Für das Volk der Yoruba ist sie die Göttin des Nils, aber auch die kämpferische Göttin des Winds und der Zerstörung. Wenn sie tanzt, kommt es durch ihre herumwirbelnden Röcke zu Tornados.

▲ **Hua Mulan (China)** Diese heldenhafte Kriegerin ging als Mann verkleidet zur Armee, um ihren alten Vater davor zu bewahren, kämpfen zu müssen. Obwohl sie sehr erfolgreich war, kehrte sie zu ihrer Familie zurück und gab das Kriegerdasein auf.

◀ **Boudicca (England)** Sie war Königin der Icener und führte zu Beginn der römischen Besetzung Britanniens eine Revolte gegen die „Eindringlinge" an. Der Legende nach kämpfte sie lange erbittert gegen die Römer, doch letztendlich wurde der Aufstand niedergeschlagen.

▶ **Bellona (Altes Rom)** In einigen Mythen heißt es, sie sei die Schwester des Kriegsgotts Ares (Mars) gewesen. Die Römer beteten zu ihr, um für eine bevorstehende Schlacht um Kampfgeist zu bitten.

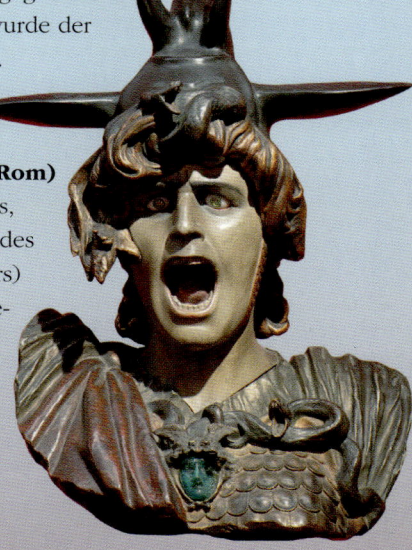

107

GESCHICHTEN ERZÄHLEN

Theseus und der Minotauros

In Mythen stellt der Gang durch das Labyrinth, ein Irrgarten mit nur einem richtigen Weg, oft eine Prüfung dar, die der Held bestehen muss – eine symbolische Lebensreise von der Geburt bis zum Tod.

Theseus, der Held
Eltern
Theseus Mutter war Aithra, die Tochter des Königs Pittheus. Seine zwei Väter waren Aigeus, Aithras Ehemann und König von Athen, und der Meeresgott Poseidon.

Anspruch auf den Thron
Als Aigeus erfuhr, dass Aithra ein Kind erwartete, kehrte er heim nach Athen. Schwert und Sandalen ließ er unter einem Felsen zurück. Zu Aithra sagte er, dass sein Sohn, falls er ein Held würde, den Felsen anheben, die Dinge finden und Anspruch auf den Thron von Athen erheben würde.

Theseus Reise nach Athen
Als Theseus als 16-Jähriger Schuhe und Schwert fand, machte er sich auf den Weg nach Athen. Auf seiner Reise dorthin musste er sechs lebensgefährliche Prüfungen bestehen.

Feiger Mordanschlag
Theseus Stiefmutter wollte ihren eigenen Sohn auf dem Thron sehen und versuchte daher, Theseus zu töten. Den ersten Versuch überlebte er, beim zweiten Mal bewahrte ihn sein Vater Aigeus davor, Gift zu trinken.

Heldentat
Theseus kommt in vielen Mythen des alten Griechenlands vor. In einem rettet er Prinzessin Hippodameia vor den Kentauren.

König Minos von Kreta, Sohn des Zeus, bat den Meeresgott Poseidon um einen **weißen Stier**, den er den Göttern opfern wollte. Doch als Poseidon ihm den Wunsch erfüllte, war Minos das prächtige Tier als Opfer zu kostbar. Als **Strafe** für den Wortbruch brachte die Liebesgöttin Aphrodite Minos Frau Pasiphae und den Stier als Paar zusammen. Der Sohn der beiden, Minotauros, war halb Mensch, halb Stier und wurde in einem Labyrinth versteckt.

Die Königreiche Kreta und Athen waren verfeindet, seit König Aigeus von Athen versehentlich dabei geholfen hatte, König Minos Sohn zu töten. Als Wiedergutmachung hatte Minos verlangt, dass ihm Aigeus alle neun Jahre sieben Jungen und sieben Mädchen schickte, die dem Minotauros zum Fraß vorgeworfen wurden.

Als dies zum dritten Mal geschehen sollte, bot Aigeus Sohn Theseus an, nach Kreta zu fahren und den Minotauros zu töten. Der König hatte Angst um seinen Sohn, wusste aber, dass er stark war und Erfolg haben könnte.

Götter und Helden

Er sagte zu seinem Sohn: „Auf dem Schiff, mit dem die Kinder fahren, werden als Zeichen der Trauer schwarze Segel gehisst. Auch dich schicke ich mit schwarzen Segeln los – diesmal jedoch soll es auch weiße als Zeichen der Hoffnung geben. Kehrst du zurück, setze die weißen Segel, so wissen wir, dass du erfolgreich warst."

In Kreta angekommen, erzählte Theseus König Minos, dass er der Sohn des Poseidon sei und gekommen, um den Minotauros zu töten. „Gelingt es mir, wird Athen nicht länger in deiner Schuld stehen."

Als König Minos sich über ihn lustig machte, tauchte Theseus hinab zum Meeresgrund und brachte als Beweis Ring und Krone der Amphitrite (der Meeresgöttin) nach oben. Minos Tochter Ariadne verliebte sich in Theseus und versprach: „Nimmst du mich zur Frau und mit nach Athen, verrate ich dir das Geheimnis des Labyrinths." Theseus stimmte zu und Ariadne gab ihm ein Knäuel Wolle mit den Worten: „Binde das Fadenende an den Eingang des Labyrinths. Lass das Knäuel frei rollen, es bringt dich zum Minotauros. Töte ihn, während er schläft, dann folge dem Faden wieder hinaus."

Theseus tat wie geheißen. Als er sich dem Minotauros näherte, erwachte dieser und wollte ihn töten. Theseus jedoch war stärker und erschlug das Ungeheuer.

Als Sieger, aber blutbefleckt, taumelte Theseus aus dem Labyrinth. Damit König Minos nicht sah, was geschehen war, floh er, ohne Ariadne mitzunehmen. Theseus vergaß auch, statt der schwarzen die weißen Segel zu setzen. Als das Schiff sich Athen näherte, ging Aigeus wegen der schwarzen Segel davon aus, dass sein Sohn getötet worden war. Voller Verzweiflung sprang er ins Meer und ertrank.

GESCHICHTEN ERZÄHLEN

Perseus, der Held
Eltern
König Akrisios von Argos war geweissagt worden, dass er vom Sohn seiner Tochter Danaë getötet werden würde. Deshalb schloss er Danaë in einer Kammer ein. Zeus jedoch gelang es, sie dennoch zu umwerben, und Danaë gebar ihren Sohn Perseus.

Ausgesetzt
In Panik ließ Akrisios Danaë und das Baby Perseus in eine Truhe sperren und warf diese ins Meer. Ein Fischer fand die beiden und nahm sie mit zu sich auf die Insel Serifos.

Die Prophezeiung erfüllt sich
Nach der Medusa-Prüfung kehrte Perseus nach Argos zurück. Als König Akrisios davon hörte, floh er in die Stadt Larisa. Zufällig hielt auch Perseus sich dort auf, um an den Wettkämpfen teilzunehmen. Beim Werfen einer Diskusscheibe tötete er versehentlich seinen Großvater.

Medusa
Verwandlung einer Schönheit
Medusa war einst ein schönes Mädchen, das als Priesterin der Göttin Athene diente. Zu ihren vielen Verehrern gehörte auch Poseidon, der sie in Athenes Tempel aufsuchte. Diese wurde daraufhin so eifersüchtig, dass sie Medusas goldene Haare in Schlangen verwandelte und ihr Gesicht so verunstaltete, dass jeder bei ihrem Anblick zu Stein erstarrte.

In einer Version des Mythos rettete Perseus Andromeda, indem er das Seeungeheuer mit dem Kopf der Medusa in Stein verwandelte.

Perseus und Medusa

Der niederträchtige König Polydektes zeigte Interesse an der wundervollen Danaë, doch ihr Sohn Perseus beschützte sie. Um Perseus loszuwerden, stellte Polydektes ihm eine schier **unlösbare** Aufgabe.

Am Hof des Polydektes in Serifos wurde ein Fest abgehalten. Alle Gäste brachten dem König Geschenke dar – alle außer Perseus, der, wie der König wusste, zu arm war. Beschämt bot Perseus dem König stattdessen an, ihm jeden Wunsch zu erfüllen.

„Bringe mir das Haupt der Gorgone Medusa!", verlangte Polydektes. Die Gorgonen waren drei schuppige Monster, denen Schlangen aus dem Kopf wuchsen. Jeder, der der Ältesten von ihnen – Medusa – in die Augen sah, erstarrte vor Schreck zu Stein.

Perseus nahm den Auftrag des Königs an. Vom Berg Olymp aus sandte Zeus seinem Sohn die Göttin Athene und den Gott Hermes zu Hilfe. Sie statteten Perseus mit einem glänzenden Schild, einer scharfen Sichel und Flügelschuhen aus.

Götter und Helden

Perseus folgte dem Rat der Götter und besuchte zuerst die Nymphen. Diese gaben ihm einen Lederbeutel und eine Tarnkappe aus dem Besitz von Hades, dem Gott der Unterwelt, die ihrem Träger Unsichtbarkeit verlieh.

Dank Flügelschuhen und Tarnkappe erreichte Perseus sein Ziel schnell und unbemerkt. Die Gorgonen schliefen bei seiner Ankunft in ihrer Höhle. Perseus lief an den Versteinerungen anderer Krieger, die im Kampf gegen die Gorgonen gescheitert waren, vorbei und bediente sich einer List, um dem tötenden Blick der Medusa zu entgehen: Er schaute lediglich auf das Spiegelbild der Gorgone in seinem Schild und konnte ihr so mit einem Schlag seiner Sichel den Kopf abtrennen und diesen in seinen Lederbeutel stecken.

Dann rannte er in Windeseile aus der Höhle, bevor Medusas Schwestern ihn ergreifen konnten.

Auf dem Heimflug begegnete Perseus der an einen Felsen geketteten Prinzessin Andromeda. Ihre Eltern hatten Poseidon verärgert, sodass dieser ein Seeungeheuer sandte, um ihr Königreich zu zerstören. Die einzige Möglichkeit, dem Monster Einhalt zu gebieten, lag darin, ihre Tochter zu opfern.

Als sich also das Ungetüm aus den Wellen erhob, nahm Perseus Medusas Kopf aus dem Lederbeutel und hielt ihn hoch. Das Monster sah in ihr Gesicht und erstarrte zu Stein. Perseus befreite Andromeda, heiratete sie und kehrte nach Serifos zurück.

Während seiner Abwesenheit hatte König Polydektes Danaë gezwungen, ihm zu dienen. Bei Perseus Anblick war er völlig überrascht.

„Wo ist mein Geschenk?", fragte der König. Perseus hielt wortlos das Haupt der Medusa in die Höhe und verwandelte so Polydektes und den gesamten Königshof in Stein. Dann begrüßte er freudig seine Mutter Danaë. Den Schlangenkopf aber schenkte er der Göttin Athene.

Das geflügelte Pferd
Das geflügelte Pferd Pegasos soll entweder aus dem blutenden Nacken der geköpften Medusa oder aus jener Stelle der Erde entsprungen sein, auf die bei Perseus Flucht Medusas Blut getropft war. Später zähmt ein Junge namens Bellerophon Pegasos und reitet auf ihm in den Kampf mit der schrecklichen Chimäre.

WER IST WER?
Troja

Der Trojanische Krieg gilt als eine der größten Schlachten der Antike. Zwei Epen haben uns diese zehn Jahre währende Auseinandersetzung überliefert: die **Ilias** des Griechen Homer und die **Aeneis** des Römers Vergil. Sie berichten von tragischen Helden und der **Zerstörung** der großen Stadt Troja.

Agamemnon
König von Mykene und Bruder des Menelaos
Er war Anführer der griechischen Armee – einer Flotte von über 1000 Schiffen und mehr als 100 000 Kriegern.

Die Griechen
Sie wurden von den Göttern Poseidon, Athene, Hera, Hermes und Hephaistos unterstützt.

Der goldene Apfel
Während eines Fests tauchte Eris, die Göttin der Zwietracht, auf. Sie brachte einen goldenen Apfel mit, auf dem stand: „Für die Schönste". Die Göttinnen Hera, Athene und Aphrodite nahmen ihn jeweils für sich in Anspruch. Da bestimmte Zeus, dass Paris von Troja darüber entscheiden sollte, wer die Schönste sei, und Paris wählte Aphrodite. Sie hatte ihm dafür die schönste Frau der Welt versprochen – Helena, Gattin des Königs von Sparta. Mit dem Kampf um Helena begann der Trojanische Krieg.

Achilleus
Führer der Myrmidonen
Achilleus zerstritt sich mit Agamemnon und zog sich aus dem Kampfgeschehen zurück. Paris Pfeil, gelenkt von Apollon, verletzte ihn an der Ferse, seiner einzig verwundbaren Stelle, weshalb er starb.

Menelaos
König von Sparta und Mann der Helena
Er wollte den Krieg in einem Zweikampf mit Paris beenden, doch Aphrodite schützte Paris und Athene sorgte für die Fortführung des Kriegs.

Odysseus
König von Ithaka
Dieser große Krieger (siehe S. 50–53) war sehr einfallsreich und schlau. Von ihm stammte die Idee mit dem hölzernen Pferd.

Ajax der Große
König von Salamis
Ajax war sehr groß und stark und tötete viele Trojaner. Zweimal kämpfte er mit Hektor, besiegte ihn jedoch nicht, da Hektor von den Göttern beschützt wurde.

Patroklos
Freund des Achilleus
Während Achilleus schmollte, zog sich Patroklos dessen Rüstung an und führte die Krieger in den Kampf. Er starb durch Hektor.

Die Trojaner

Sie wurden von den Göttern Aphrodite, Apollon, Artemis und Ares unterstützt.

Götter und Helden

KÖNIG PRIAMOS VON TROJA HEIRATETE HEKABE. SIE HATTEN VIELE KINDER, DARUNTER HEKTOR, PARIS, KASSANDRA UND HELENOS.

König Priamos
König von Troja
Es heißt, er habe 50 Söhne und 50 Töchter gehabt. Viele von ihnen kommen auch in der Mythologie vor.

Hekabe
Königin von Troja
Als Mädchen träumte sie, dass sie ein Kind gebären werde, das Troja in Brand stecken würde.

Helena von Troja
Frau des Menelaos, Tochter des Zeus und der Leda
Sie ging mit Paris nach Troja und ist bekannt für ihre Schönheit, die nicht zuletzt Anlass war für den Trojanischen Krieg.

Paris
Prinz von Troja
Verliebt in Helena brachte er sie nach Troja. Paris starb durch einen Giftpfeil.

Hektor
Ältester Sohn des Priamos
Hektor war der zweite Anführer der Trojanischen Armee und wurde von Achilleus getötet, als Rache für den Tod von Patroklos.

Aineias
Anführer der Dardaner und Sohn der Aphrodite
Nach dem Fall Trojas floh Aineias. Seine Geschichte wird im römischen Epos *Aeneis* weitererzählt.

Kassandra
Prinzessin von Troja
Kassandra konnte die Zukunft vorhersehen, doch durch einen Fluch Apollons glaubte niemand ihren Warnungen.

Helenos
Sohn des Priamos und Seher
Helenos war wie seine Schwester Kassandra ein Seher. Er verriet den Griechen, wie sie Troja zerstören könnten.

Sarpedon und Glaukos
Cousins und Anführer der Lykier
Sarpedon wurde von Patroklos getötet. Glaukos traf in der Schlacht auf den Griechen Diomedes, doch da ihre Großväter befreundet waren, entschlossen sie sich, nicht gegeneinander zu kämpfen.

Das Trojanische Pferd
Um den Krieg zu beenden, bauten die Griechen ein riesiges Pferd aus Holz, in dem sich 30 Soldaten versteckten. Dann gaben sie vor, nach Hause zu segeln. Die Trojaner glaubten, sie hätten gewonnen und das Pferd sei das Geschenk an die Sieger, daher rollten sie es in die Stadt. In der Nacht sprangen die Soldaten heraus und öffneten die Stadttore für ihre Landsleute, die Troja endgültig zerstörten.

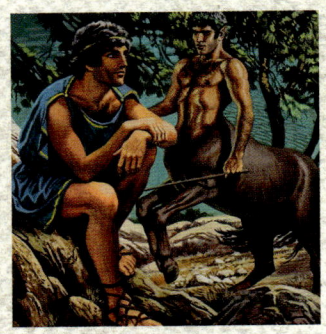

GESCHICHTEN ERZÄHLEN

Jason und das Goldene Vlies

Im Reich Iolkos herrschte einst der **grausame König** Pelias, der den Thron seines Bruders an sich gerissen hatte. Er regierte mit unerbittlicher Strenge, lebte jedoch selbst in Furcht – ein **Wahrsager** hatte ihm prophezeit, dass ein Mann mit nur einem Schuh ihn stürzen würde!

Eines Tages kam der Sohn seines Bruders an den Königshof, um Anspruch auf den Thron zu erheben. Pelias geriet in Panik – der junge Mann, der sich Jason nannte, trug nur einen Schuh! Seinen eigenen Wunsch nach Machterhalt verschleiernd, schlug Pelias Jason vor, durch eine besondere Aufgabe zu beweisen, dass er ein würdiger König werden würde: „Bringe mir das Goldene Vlies aus dem Reich Kolchis, das König Aietes gestohlen hat." Natürlich log Pelias – das goldene Widderfell gehörte in Wahrheit Aietes.

Pflichtbewusst und angespornt von der Aussicht auf Ruhm, ließ Jason ein mächtiges Schiff, die Argo, bauen und machte sich mit einigen tapferen Kriegern, den Argonauten, auf den Weg nach Kolchis. Eine lange und gefährliche Reise lag vor ihnen, doch die Männer fühlten sich durch ihren ehrenvollen Auftrag gestärkt.

Während der Überfahrt retteten sie den blinden Wahrsager Phineus vor den Harpyien – grausamen Frauen mit Vogelflügeln. Dankbar verriet Phineus Jason, wie er durch die Meerenge schiffen könne, die sie auf dem Weg nach Kolchis passieren mussten. Die Felsen dort zerquetschten jedes Schiff, das hindurchfuhr. „Wenn ihr näher kommt", sagte Phineus, „lasst eine Taube fliegen." Jason befolgte seinen Rat. Als der Vogel emporflog, krachten die Felsen gegeneinander, die Taube entkam. Als die Felsen daraufhin wieder auseinander-

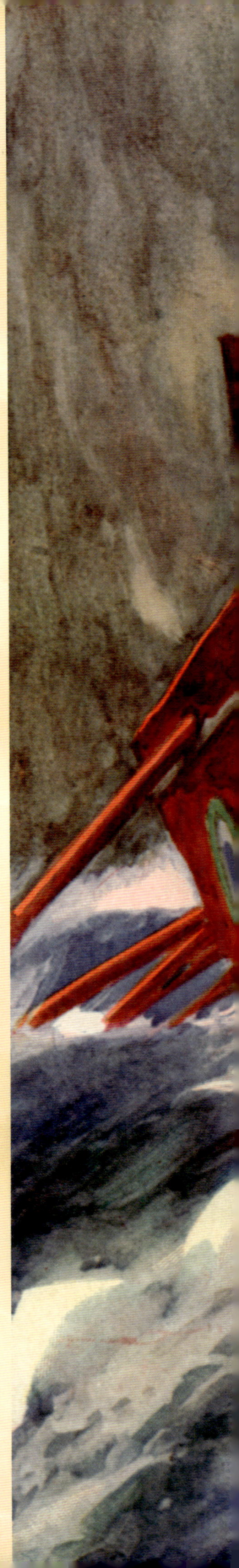

Jason wurde von dem Kentauren Cheiron aufgezogen.

Jasons Leben
Kindheit
Iolkos wurde von Aison, einem guten König, regiert, bis sein machthungriger Halbbruder Pelias den Thron übernahm. Da jedoch Aisons Sohn Jason rechtmäßiger Erbe war, fürchtete die Mutter um dessen Leben. Sie ließ Jason daher weit weg von einem Kentauren erziehen.

Der verlorene Schuh
Als Jason alt genug war, machte er sich nach Iolkos auf, um Anspruch auf den Thron zu erheben. Am Ufer eines Flusses traf er eine alte Frau, die zu ängstlich war, um hindurchzuwaten. Jason nahm sie auf den Rücken und trug sie hinüber. Die Strömung war so stark, dass er völlig erschöpft am anderen Ufer ankam. Auch hatte er einen Schuh verloren.

Als er die alte Frau absetzte, bemerkte er, dass es die Göttin Hera war, die ihn einer Prüfung unterzogen hatte. Als Belohnung für seine Güte bot sie Jason an, ihm in Zukunft bei Bedarf jederzeit zu helfen.

Götter und Helden

drifteten, konnte die Argo hindurchfahren.

So erreichte das Schiff Kolchis und Jason ging zu Aietes, um das Vlies einzufordern. Der König war unter der Bedingung damit einverstanden, dass Jason seine Stärke und seinen Mut durch eine weitere, schier unlösbare Aufgabe bewies: Er sollte zwei feuerschnaubende Stiere anschirren, mit ihnen ein Feld pflügen und Drachenzähne aussäen, von denen jeder zu einem tapferen Krieger heranwachsen würde. In der Zwischenzeit jedoch hatte sich Aietes Tochter Medea in Jason verliebt. Sie war eine Zauberin und versprach, ihm zu helfen, wenn er sie heiratete. Jason willigte ein.

Gemeinsam zähmten sie die Stiere und besiegten die Drachen, doch auch nach Erfüllung der gestellten Aufgaben wollte Aietes das Vlies, das von einer Schlange bewacht wurde, nicht herausgeben. Jason jedoch lullte die Schlange mithilfe von Musik in den Schlaf, ergriff das Vlies und brach mit Medea auf. Nach vielen weiteren Abenteuern gelang es Jason auch nach der Rückkehr nach Iolkos nicht, den Thron zu besteigen. Er wurde verbannt.

Ein ganz besonderes Fell
Der Herrscher von Sizilien, Athamas, verließ seine Gattin Nephele für eine jüngere Frau. Nephele hatte daraufhin Angst um ihren Sohn Phrixos und die Tochter Helle und bat Zeus um Hilfe. Der schickte einen fliegenden Widder mit goldenem Fell, um die beiden in Sicherheit zu bringen. Mit den verängstigten Kindern auf dem Rücken flog der Widder nach Osten und überquerte die Wasser zwischen Europa und Asien. Helle jedoch verlor den Halt und fiel ins Meer (über Tausende von Jahren hieß diese Stelle daher „Hellepont", heute Dardanellen). Der Widder brachte Phrixos nach Kolchis.

IM PORTRÄT

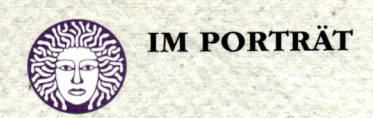

Biografie
Ödipus

Familienstammbaum
Laios, König von Theben, und seiner Frau Iokaste wurde geweissagt, dass ihr Sohn einst den Vater töten und die eigene Mutter heiraten würde. Als sie mit Ödipus tatsächlich einen Sohn bekamen, setzten sie ihn aus Angst im Gebirge aus.

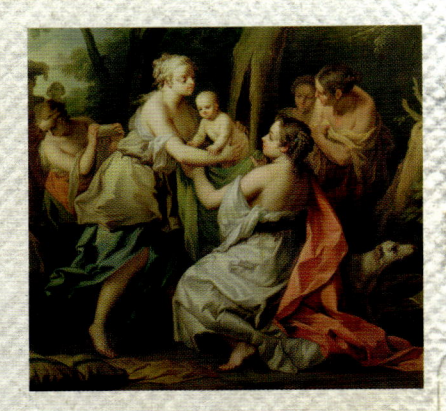

Hirten fanden Ödipus und er wurde von Polybos und Merope, dem Königspaar von Korinth, aufgezogen.

Bedeutung des Namens
Ödipus bedeutet „geschwollene Füße", da man ihn mit zusammengebundenen Füßen aufgefunden hatte.

Auf der Landstraße
Als Ödipus von der Weissagung erfuhr, verließ er Korinth. Unterwegs geriet er mit einem Fremden in Streit und tötete diesen. Damit hatte er die erste Prophezeiung unwissentlich erfüllt – der Fremde war sein Vater Laios gewesen.

Ankunft des Helden
Nach dem Sieg über die Sphinx machte das Volk von Theben Ödipus zum König – der frühere König war auf mysteriöse Weise durch einen Fremden auf der Landstraße umgekommen. Ödipus heiratete die Witwe des verstorbenen Königs. Damit erfüllte sich, wiederum ungewollt, der zweite Teil der Prophezeiung – er hatte seine eigene Mutter Iokaste geheiratet.

Ödipus, der tragische Held

Ödipus ist der klassische tragische Held des alten Griechenlands. Als Kind ausgesetzt, um zu verhindern, dass sich die **Prophezeiung** erfüllt, versucht er sein Leben lang verzweifelt, das Richtige zu tun. Seinem **Schicksal** aber kann er nicht entkommen.

Befragung des Orakels

Das Orakel von Delphi war eine Priesterin im Tempel des Apollon. Der Legende nach fiel sie durch Einatmen berauschender Dämpfe in Trance und hatte Visionen. Jahrhundertelang suchten die Menschen ihren Rat. Unter dem Tempel fand man kürzlich Erdspalten, aus denen tatsächlich starke Gase dringen.

Bittere Wahrheit

Jahre nachdem man Ödipus zum König gekrönt hatte, herrschte in Theben eine Seuche. Laut dem Orakel von Delphi musste der Mörder von König Laios gefunden werden, um die Stadt zu retten. Ödipus ließ nach dem Täter suchen und erfuhr vom Propheten Teiresias schließlich die Wahrheit: Er selbst hatte es getan! Voll Scham über die Ehe mit ihrem Sohn brachte sich Iokaste um. Ödipus stach sich die Augen aus und wurde verbannt.

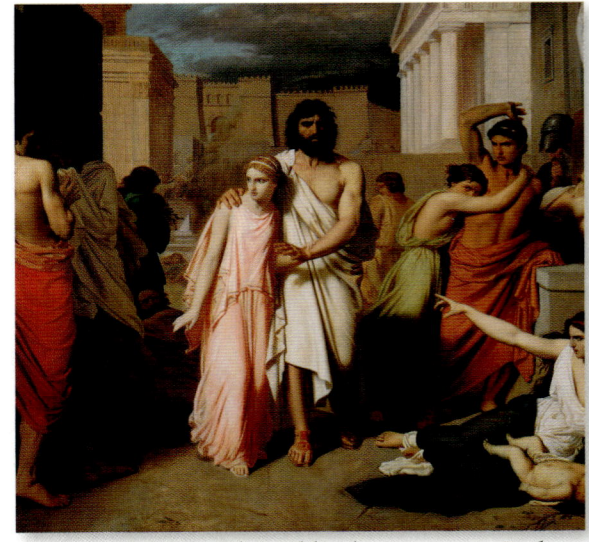

Antigone begleitet ihren blinden Vater ins Exil.

Götter und Helden

Die Sphinx quälte die Bürger von Theben und fraß all jene, die ihr Rätsel nicht beantworten konnten.

Das Rätsel

Frage: Was geht morgens auf vier, mittags auf zwei und abends auf drei Beinen?

Die Sphinx hatte einen Frauenkopf, einen Löwenkörper und Flügel.

Antwort:
Ein Mensch – als Baby krabbelt er auf allen vieren, später läuft er auf zwei Beinen und im Alter braucht er als drittes Bein einen Stock.

Ödipus war der Einzige, der der Sphinx hatte antworten können.

Das Volk von Theben feierte ihn daraufhin als Sieger und Held.

RUND UM DIE WELT

Drachen

Auf jedem Kontinent kennt man Sagen von **schuppigen** schlangenähnlichen Kreaturen – die ultimative Herausforderung eines jeden Helden. Die bösen, Feuer speienden Drachen des Westens bewachen häufig einen **Schatz**. Bei östlichen Drachen handelt es sich eher um sanftmütige **Glücksbringer**.

▲ **Wappentier (Europa)** Drachen wurden in ganz Europa als Wappentiere verwendet, um Stärke und Überlegenheit zu demonstrieren.

◀ **Ryu (Japan)** Der japanische Drache hat drei Krallen, lebt unter dem Meer und kontrolliert Regen und Stürme. Denjenigen, die mutig genug sind, ihn aufzusuchen, gewährt er einen Wunsch. Vermutlich finden sich deswegen auf vielen Tempeln Drachenornamente und in vielen Tempelnamen das Schriftzeichen für „Drache".

▲ **Guivre (Frankreich)** Diese Drachen kämpften mit ihren zwei krallenbesetzten Pfoten und stützten sich dabei mit dem Schwanz ab.

Götter und Helden

◀ **Kuh Billaur** (Persien, heute Iran) Hier stößt der tapfere Ali dem Schlangendrachen Kuh Billaur heldenhaft das Schwert durch die Kehle. Drachen waren im Nahen Osten gefürchtet. Bei einer Mondfinsternis hieß es, ein Drache habe den Mond verschluckt. Dann machten die Menschen mit Glocken und Blech so lange Lärm, bis das Tier den Mond wieder herausgab.

▼ **Xiuhcoatl** (Atzteken) In einer der aztekischen Mythen brachte die Erdgöttin Coatlicue den Krieger Huitzilopochtli zur Welt. Seine Geschwister versuchten ihn umzubringen, doch er tötete sie mithilfe der Feuerschlange Xiuhcoatl.

DURCHBLICK Mehr über Drachen erfährst du auf S. 62.

▼ **Basilisk** (Europa) Der Legende nach kann der Basilisk jeden mit einem einzigen Blick töten. Er schlüpfte aus einem Hühnerei, das von einer Kröte ausgebrütet worden war. In mittelalterlichen Mythen war er ein Symbol für das Böse.

▲ **Fafnir** (Skandinavien/Deutschland) In vielen Mythen Nordeuropas sind Drachen ein Symbol für Gier. Ursprünglich war Fafnir ein Zwerg, Sohn des Zwergenkönigs Hreidmar, gewesen. Als er in seiner Gier den Schatz seines Vaters stehlen wollte, wurde er in einen Drachen verwandelt. Fafnir starb durch Siegfried (siehe S. 94).

GESCHICHTEN ERZÄHLEN

Beowulf und Grendel, der Unhold

Der Schauplatz des **längsten** angelsächsischen Heldenepos, **Beowulf**, ist das Dänemark des 6. Jh. Ein Großteil der Geschichte trägt sich zur Regierungszeit von **Hrothgar** zu, einem starken und beliebten König, der für seine Krieger eine mächtige Methalle namens **Heorot** erbauen ließ (Met ist ein Honigwein).

V iele Jahre schon quälte der Troll Grendel den alternden König, indem er nachts in Heorot einbrach und Hrothgars Krieger (Thane) tötete. Der riesige Troll war grauenvoll anzusehen und lehrte sogar diese starken tapferen Männer das Fürchten.

In seiner Jugend hatte Hrothgar einem Nachbarn dabei geholfen, eine Fehde beizulegen. Nun erreichte die Nachricht von Hrothgars Notlage den Sohn dieses Kriegers: Beowulf.

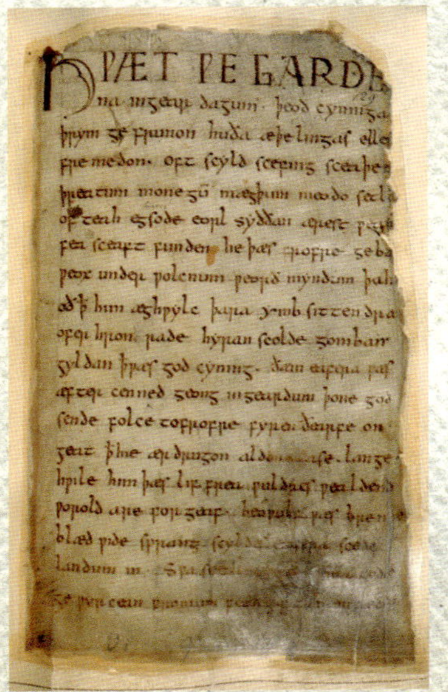

Das Original wurde zwischen dem 8. und 11. Jh. auf Altenglisch von einem unbekannten Dichter verfasst.

Beowulf – ein Epos
Das Original
Die ursprüngliche Fassung des Gedichts ist sehr, sehr lang. Sie umfasst 3182 Zeilen. Bevor der Hauptteil beginnt, erfährt man viel über die Geschichte der dänischen Königsfamilie.

So geht es weiter …
Nachdem Beowulf Grendels Mutter getötet hatte, feierte er ein letztes Mal zusammen mit dem dankbaren Hrothgar. Dann kehrte er wieder nach Geatland zurück.

König von Geatland
Beowulf wurde König von Gaetland. 50 Jahre lang regierte er weise und friedfertig. Dann trat er zu seiner letzten Prüfung an – dem Kampf gegen einen Drachen, der wegen seines gestohlenen Schatzes tobte.

Tod eines Helden
Beowulf hatte den Drachen zwar getötet, wurde aber im Kampf selbst schwer verletzt. Mit letzter Kraft bat er darum, auf einem Scheiterhaufen verbrannt zu werden. Hoch oben auf einer Klippe am Meer begrub man ihn zusammen mit dem Drachenschatz.

Götter und Helden

Mit seinen stärksten Männern machte Beowulf sich auf, dem König zu helfen und seinen eigenen Ruf als Held zu stärken. Bei seiner Ankunft gab Hrothgar in der Methalle ein großes Fest. Als es vorüber war, legten die Dänen sich schlafen und Beowulf und seine Krieger hielten Wache. Da brach auch Grendel schon durch die Tür, tötete einen der Geatländer und griff dann deren Anführer an.

Nach einem erbitterten Kampf riss Beowulf Grendels Arm ab. Stark verwundet zog der Troll sich in seine Höhle zurück, wo er starb. Um seinen Sieg zu demonstrieren, hing Beowulf den blutigen Arm so auf, dass jeder ihn sehen konnte.

Am nächsten Tag gab Hrothgar ein weiteres Fest, um Beowulfs Triumph über Grendel zu feiern. Danach legten sich alle, Dänen und Geaten, nichts ahnend schlafen.

In der Dunkelheit jedoch kam plötzlich Grendels rachsüchtige Mutter in die Methalle. Nachdem sie sich den Arm ihres Sohns geschnappt hatte, tötete sie einen der schlafenden Dänen und flüchtete dann in ihre geheime Höhle. Als Beowulf am Morgen sah, was geschehen war, folgte er ihren Fußspuren bis zu einem Teich und sprang hinein. Grendels Mutter packte ihn und zog ihn durchs Wasser zu der dunklen Höhle, in der ihr toter Sohn lag. Sie attackierte Beowulf mit einem Messer, doch dieser konnte sie schließlich überwältigen und töten.

Bevor Beowulf die Höhle verließ, schnitt er Grendels Kopf ab. Dann machte er sich mit der Trophäe auf den Weg nach Heorot.

Beowulf, der Drachentöter
Eines Tages stahl ein Dieb den Schatz eines Drachens. Wutentbrannt terrorisierte das Tier fortan das Land mit seinem Feueratem und steckte Felder und Häuser in Brand. Beowulf, nun König, wollte es mit einigen Gefährten zur Strecke bringen, doch das Monster gebärdete sich so wild, dass alle die Flucht ergriffen. Nur Wiglaf blieb bei Beowulf. Nach einem blutigen Kampf war der Drache tot, doch auch der König erlag seinen Verletzungen. Als Dank für seine Treue und Tapferkeit krönte man Wiglaf zum König.

BASTLE DIR EINEN SCHILD

Schneide aus einem großen Stück Karton eine Schildform aus und wölbe es etwas. Bastle zwei Griffe aus Kartonstreifen – knicke die Enden um und befestige sie mit starkem Klebeband am Rücken des Schilds. Dann geht's an die Gestaltung.

Male dein Schild dunkelblau oder schwarz an. Das Kreuz kannst du mit zwei Streifen hellbraunem Paketband aufkleben.

WER IST WER?

Die Ritter der Tafelrunde

Um die Mitte des 11. Jh. kamen Geschichten über **König Artus** in Umlauf, der im späten 5. und frühen 6. Jh. in Britannien regiert hatte. Im Lauf der Zeit entstanden daraus zahlreiche **magisch-romantische Legenden** über ihn und seine Ritter.

König Artus
Sohn des Uther Pendragon
Mit dem Schwert Excalibur kämpfte er erfolgreich in vielen Schlachten. Er starb in der Schlacht von Camlann.

Camelot
Der Legende nach residierte König Artus mit seiner wunderschönen Frau Guinevere auf Burg Camelot. Am Hof lebte auch der Zauberer Merlin, der ihm beratend zur Seite stand. Zusammen mit seinen Rittern besiegte Artus übernatürliche Feinde wie seine böse Halbschwester, die Zauberin Morgan le Fay.

Der Zauberer Merlin erzählt dem Gelehrten Blaise seine Geschichte, aus *L'Histoire de Merlin*, um 1280–1290.

Suche nach dem Heiligen Gral

In den Legenden um König Artus stellen die Ritter ihren Mut und ihre Redlichkeit in zahlreichen Prüfungen unter Beweis. Eine davon ist die Suche nach dem Heiligen Gral – dem Kelch, aus dem Jesus während des Letzten Abendmahls trank. Es hieß, der Gral besitze Zauberkräfte und könne heilen. Viele Ritter suchten vergeblich nach ihm. Drei von ihnen fanden ihn schließlich, doch nur Sir Galahad war rein genug, um ihn ansehen zu dürfen.

Dieser Wandbehang von Edward Burne-Jones zeigt Sir Bors und Sir Parceval, denen der Zugang zum Gral verwehrt wird, und Sir Galahad, der als Einziger einen Blick darauf werfen darf.

Die Tafelrunde

Damit unter seinen Rittern kein Neid aufkam, richtete König Artus einen runden Tisch ein, an dem alle gleichberechtigt waren. In mittelalterlichen Geschichten ist von über 50 Plätzen die Rede. Jeder Ritter schwor zudem, sich an einen strengen Ehrenkodex zu halten.

Ende des 13. Jh. baute man einen runden Tisch mit 25 Sitzplätzen. Er befindet sich heute in Winchester Castle (England).

Sir Galahad
Sohn von Lancelot
Dieser redliche und hübsche Ritter hatte Erfolg bei der Suche nach dem Heiligen Gral.

Sir Lancelot
Er war einer der berühmtesten und begabtesten Ritter der Tafelrunde und unsterblich in Artus Frau Guinevere verliebt.

Sir Modred
Neffe von König Artus
Er wurde zum Verräter und kämpfte in der Schlacht von Camlann gegen den König. Beide starben. Später wurde bekannt, dass er Artus unehelicher Sohn gewesen war.

Sir Bors de Ganis
Cousin von Lancelot
Er allein überlebte die Suche nach dem Heiligen Gral.

Sir Gawain
Neffe von König Artus
Der loyale, mutige Ritter nahm die Herausforderung des Grünen Ritters an.

Sir Bedivere
Einer der wichtigsten Gefährten von König Artus. Er besiegte einen Riesen und brachte nach dem Tod des Königs dessen Schwert Excalibur zurück zur Herrin vom See.

Sir Kay
Ziehbruder von König Artus
Einer der treuesten Ritter und als Hofmeister für den königlichen Haushalt verantwortlich.

Sir Tristan
Dieser noble Ritter ist v. a. durch seine Liebe zu Isolde bekannt. Er verfiel Isolde durch einen Zaubertrank, während er sie zu ihrer Hochzeit nach Cornwall begleitete.

Götter und Helden

RUND UM DIE WELT

Lebens*elixier*

Viele mythische Helden sahen ihre Aufgabe und Prüfung darin, das Geheimnis **ewiger Jugend** zu lüften. Von Anbeginn suchen die Menschen nach einem **legendären Elixier** – einem Trank, der Unsterblichkeit und Weisheit schenkt.

◀ **Bimini (Karibik)**
Im Golf von Honduras soll laut einer Legende ein mythisches Land liegen, in dem eine Zauberquelle entspringt. Im 16. Jh. erzählten die Einheimischen europäischen Entdeckern wie Juan Ponce de León, dass dieses Quellwasser ihnen ihre Jugend wiedergeben könne.

▲ **Tabula Smaragdina (Altes Ägypten/Griechenland)** Der griechische Gott Hermes und der ägyptische Gott Thot waren die Götter der Magie und des Schreibens. Im späten 4. Jh. v.Chr. verschmolzen sie zu einem Gott namens Hermes Trismegistos. Erzählungen nach war er es, der die *Tabula Smaragdina* verfasste, eine Anleitung zur Herstellung des Lebenselixiers.

▶ **Stein der Weisen**
Seit der Spätantike bezeichnet dies eine legendäre Substanz, die jedes beliebige Metall in Gold verwandeln könne. Sie galt zudem als Lebenselixier. Bis in die Neuzeit versuchten sich Alchemisten – Wissenschaftler aus Arabien, Asien und Europa, die sich mit der Naturphilosophie (Vorform der Chemiewissenschaft) befassten – an der Herstellung dieser Mixtur.

Götter und Helden

◀ **Amrita** (Altindien)
Einmal richtete sich der Zorn des Weisen Durvasa, eine Wiedergeburt von Shiva (siehe S. 99), gegen die Hindugötter. Er verfluchte sie und nahm ihnen ihre Unsterblichkeit. Fortan waren die Götter gezwungen, für ihr ewiges Leben Amrita zu trinken, eine milchige Flüssigkeit, die ihre Feinde, die Asuras, im Ozean brauten.

▼ **Goldene Äpfel** (Altes Griechenland) Im Garten der Hesperiden stand ein Baum mit goldenen Äpfeln, die Unsterblichkeit verliehen. Ihn bewachte eine hundertköpfige, nimmermüde Schlange. Die griechischen Götter aßen diese Äpfel nicht, sondern tranken Ambrosia, um unsterblich zu sein.

DURCHBLICK
Mehr über Hasen in der Mythologie erfährst du auf S. 102.

◀ **Hase im Mond** (China) Die chinesische Göttin des Monds Chang'e war einsam, weshalb der Hase, der verschiedene Zauberelixiere herstellte, kam, um ihr Gesellschaft zu leisten. Beide alterten nicht. Im Herbst kann man auf der Mondoberfläche sehen, wie der Hase Kräuter in seinem Mörser zerstößt.

125

IM PORTRÄT

Biografie
Gilgamesch, Herrscher aus Mesopotamien

Familienstammbaum
Sein Vater soll der Hirtenkönig Lugalbanda gewesen sein, seine Mutter die Göttin Nin-Sun.

Supermann
Laut Mythos war Gilgamesch halb Mensch, halb Gott und besaß übernatürliche Kräfte.

Diese Steinmetzarbeit zeigt Gilgamesch, flankiert von zwei Stiermenschen. Er hält die Sonne.

König von Uruk
Manche halten Gilgamesch für den fünften König von Uruk in Mesopotamien (heute Irak), der im 26. Jh. v. Chr. regierte.

Legendärer Erbauer
Gilgamesch ließ eine Stadtmauer um Uruk errichten, um sein Volk zu schützen.

Zwölftafel-Epos
In der bekanntesten Version des Gilgamesch-Epos, die auf Tontafeln erhalten ist, wird er eher als Mensch denn als Halbgott dargestellt – und gleichzeitig als tyrannischer Herrscher. Um das Volk vor ihm zu schützen, erschaffen die Götter den Mann Enkidu, der Gilgamesch ablenken soll. Gemeinsam erleben die beiden viele Abenteuer – so besiegen sie das Monster Humbaba und den Himmelsstier. Danach träumt Enkidu, dass er wegen der Tötung des Stiers selbst sterben muss.

Gilgamesch kann keine Unsterblichkeit erlangen und kehrt nach Uruk zurück. Am Ende stattet ihm Enkidu aus der Unterwelt einen Besuch ab.

Gilgamesch, der Tyrann

Die Geschichte um **Kriegerkönig** Gilgamesch gehört zu den ersten, die jemals aufgeschrieben wurden. Man fand das 4000 Jahre alte Epos über Tyrannei, **Freundschaft** und die Suche nach Unsterblichkeit auf zerbrochenen Steintafeln in den Ruinen eines assyrischen Palasts.

Götter und Helden

Der Wunsch nach Unsterblichkeit

Als Enkidu starb, sorgte sich Gilgamesch um sein eigenes Ende. Er suchte nach Wegen zu Unsterblichkeit und ewigem Leben. Utnapischtim, Überlebender einer großen Flut, sagte ihm, dass nichts von Dauer sei. Zum Beweis sollte Gilgamesch eine Woche lang wach bleiben, was er nicht vermochte. Dann erinnerte ihn Utnapischtims Frau an eine Pflanze, die ihn wieder jung machen könne. Tatsächlich fand Gilgamesch die Pflanze auf dem Meeresgrund, doch eine Schlange fraß sie ihm weg – der Grund, warum sich Schlangen häuten können.

Enkidu

Enkidu war ein Wilder, der von Tieren aufgezogen worden war. Eine Frau fand ihn und brachte ihn nach Uruk. Gilgamesch hörte von seiner unglaublichen Kraft und forderte ihn heraus. Nach dem Kampf wurden die beiden Männer enge Freunde.

Enkidu repräsentiert die wilde ursprüngliche Natur, Gilgamesch die zivilisierte Welt.

Unzertrennlich

Gilgamesch und Enkidu erlebten viele Abenteuer. Einmal schickte Göttin Ischtar den Himmelsstier zur Erde, um Gilgamesch zu töten, da er ihre Liebe nicht erwiderte. Doch Gilgamesch und Enkidu gelang es mühelos, das Tier zu besiegen.

Enkidu wird für die Beteiligung an der Stiertötung von den Göttern bestraft.

RUND UM DIE WELT
Geheimnisvolle Reiche

Ob **idyllische** Königreiche unter dem Meer oder mächtige Zivilisationen, die **versteckt** im Gebirge liegen – untergegangene Kulturen und geheimnisvolle Reiche kommen in Mythen und Legenden auf der ganzen Welt vor. Heute noch suchen Menschen nach ihrer genauen Lage und sammeln Beweise für ihre Existenz.

◀ **Ys (Frankreich)** In der Bretagne erzählt man sich von einer versunkenen Stadt, die einst unterhalb des Meeresspiegels gebaut und durch einen Staudamm geschützt wurde. Die Königstochter stahl die Schlüssel des Tors im Damm von ihrem Vater, um den Geliebten in die Stadt zu lassen. Die Stadt wurde überflutet und alle bis auf den König und einen Heiligen ertranken.

▼ **Atlantis (Altes Griechenland)** Dem Philosophen Platon zufolge war die Insel Atlantis der Inbegriff einer perfekten Zivilisation. Der Meeresgott Poseidon hatte sie für seine Braut Kleito erschaffen. Ihre Söhne waren weise und friedfertige Könige, doch im Lauf der Generationen wurden die Herrscher immer gieriger und streitsüchtiger. Beschämt ließ Poseidon Atlantis in einem Seebeben untergehen.

Götter und Helden

▲ **Mu** (Pazifik) In den Tiefen des Pazifischen Ozeans soll ein riesiger Kontinent liegen. Wie Atlantis war auch er vor seinem Untergang einst die Heimat einer erfolgreichen Zivilisation. Auch bei Lemuria (im Indischen oder Pazifischen Ozean) handelt es sich um eine solch „versunkene Kultur".

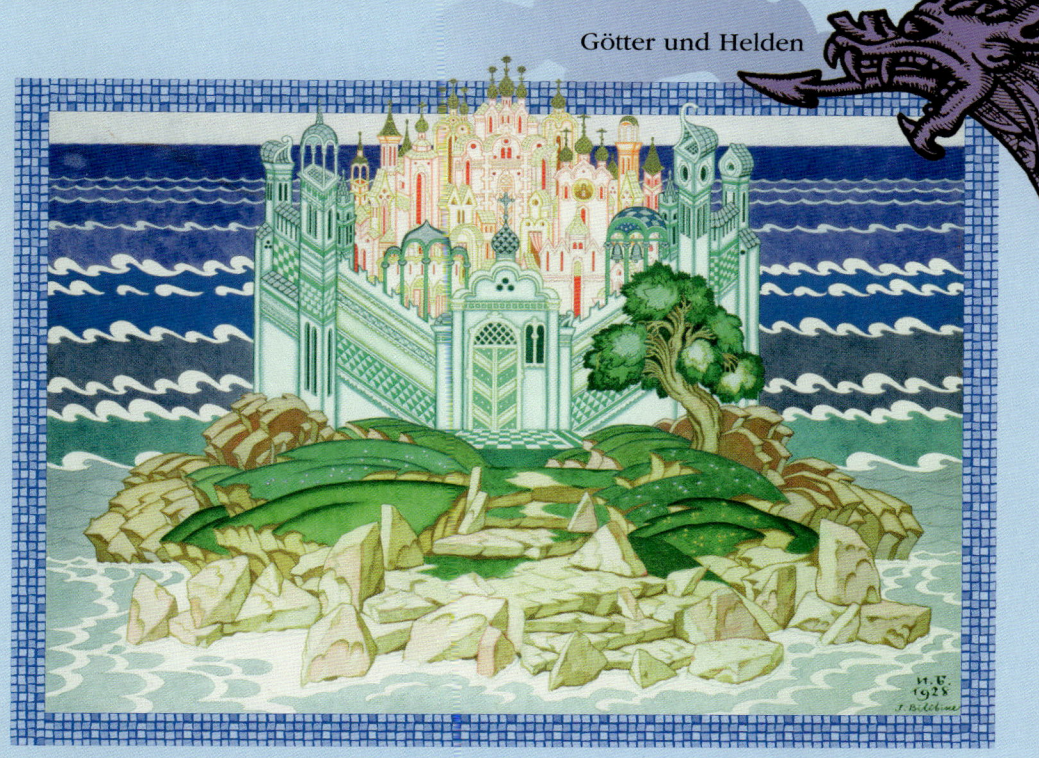

▲ **Kitesch** (Russland) Im 12. Jh. wurde an den Ufern des Sees Sweltlojar eine Stadt erbaut. Als die Mongolen die wehrlose Bevölkerung angriffen, beteten die Menschen so lange, bis Wasserfontänen aus dem Boden spritzten und die Stadt im See versank. Der Legende nach können nur die, die reinen Herzens sind, die Stadt unter Wasser sehen und Gesänge vernehmen.

▲ **Shambhala** (Tibet) Verborgen zwischen den hohen Bergen des Himalaja liegt das Paradies auf Erden. Dieses mythische tibetische Königreich soll einer Lotosblume mit acht Blütenblättern ähneln. Nur die reinsten und heiligsten Menschen leben hier.

▲ **Hawaiki** (Polynesien) Die neuseeländischen Maori glauben, dass ihre Vorfahren einst in Kanus von einer mythischen Insel im Pazifik kamen. Die Seelen der toten Maori sollen an diesen Ort zurückkehren, doch keiner weiß genau, wo er liegt.

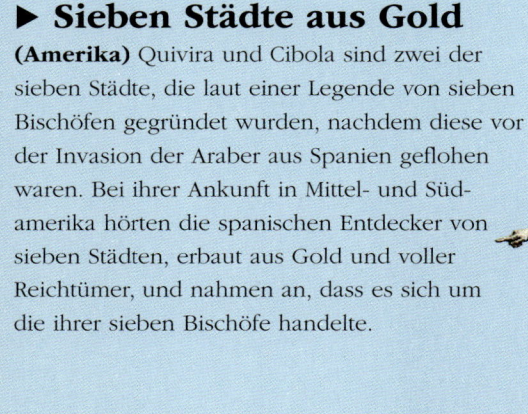

▶ **Sieben Städte aus Gold**
(Amerika) Quivira und Cibola sind zwei der sieben Städte, die laut einer Legende von sieben Bischöfen gegründet wurden, nachdem diese vor der Invasion der Araber aus Spanien geflohen waren. Bei ihrer Ankunft in Mittel- und Südamerika hörten die spanischen Entdecker von sieben Städten, erbaut aus Gold und voller Reichtümer, und nahmen an, dass es sich um die ihrer sieben Bischöfe handelte.

GESCHICHTEN ERZÄHLEN

Eldorado –
Die goldene Stadt

Diese Goldskulptur wurde vom Volk der Chibcha angefertigt und zeigt das Ritual am See Guatavita.

Ewige Suche
Entdecker
Im Lauf der Jahrhunderte haben die Menschen in Südamerika, ob in Ecuador, Peru, Mexiko, Venezuela oder am Amazonas und dem Orinoco, nach Eldorado gesucht. Ein Entdecker – Francisco Vásquez de Coronado – reiste gar bis in den US-Staat Kansas, um die legendäre Stadt zu finden.

Der See Guatavita
Die meisten Experten sind sich einig, dass die Idee von Eldorado mit dem Bergsee Guatavita zusammenhängt. Viele Entdecker versuchten dies zu belegen. Gegen Ende des 16. Jh., 40 Jahre nach den ersten Goldfunden durch die Spanier, hub ein holländischer Kaufmann einen Graben am Rand des Sees aus, um den Wasserstand zu senken. Dabei kamen Hunderte von Arbeitern ums Leben.

Verlockendes Gold
1911 gelang es einer englischen Firma mithilfe eines komplizierten Tunnelsystems, den See trockenzulegen. Man fand zwar etwas Gold, doch der See füllte sich schon bald wieder mit Wasser und die Firma musste ihre Funde verkaufen, um die Kosten des Projekts zu decken.

1968 fanden Wanderer in einer Höhle am Ufer ein massives Goldartefakt. Es zeigt Eldorado mit Dienern auf einem Floß, vermutlich auf dem Weg, den Göttern im See Opfer darzubringen (siehe oben). Der außergewöhnliche Fund lässt sich heute im Goldmuseum in Bogotá (Kolumbien) bewundern.

„**Hinter den Bergen des Mondes**, tief im Tal der Schatten. Reit kühn, reit, […] wenn du suchst nach **Eldorado**!"

Der amerikanische Dichter Edgar Allan Poe spielte 1849 darauf an, wo Eldorado, die mythische, längst versunkene goldene Stadt Südamerikas, zu finden sei. Ursprünglich jedoch bezeichnete „Eldorado" eine Person, keinen Ort.

Die Geschichte fußt im Norden des Andengebirges im heutigen Kolumbien. Wenn ein neuer Herrscher den Thron bestieg, folgte das Volk der Chibcha einer bestimmten Zeremonie. Der Herrscher pilgerte zum See Guatavita, um den Göttern zu opfern. Am Ufer legte er seine Kleider ab und wurde über und über mit Goldstaub bedeckt. Dann begab er sich auf ein Floß und Diener, die kostbare Gegenstände in Händen hielten, setzten sich um ihn herum. Sobald das Floß die Mitte des Sees erreicht hatte, warf man die Schätze ins Wasser und der Herrscher nahm ein Bad im See, sodass der glänzende Goldstaub von seinem Körper gewaschen wurde.

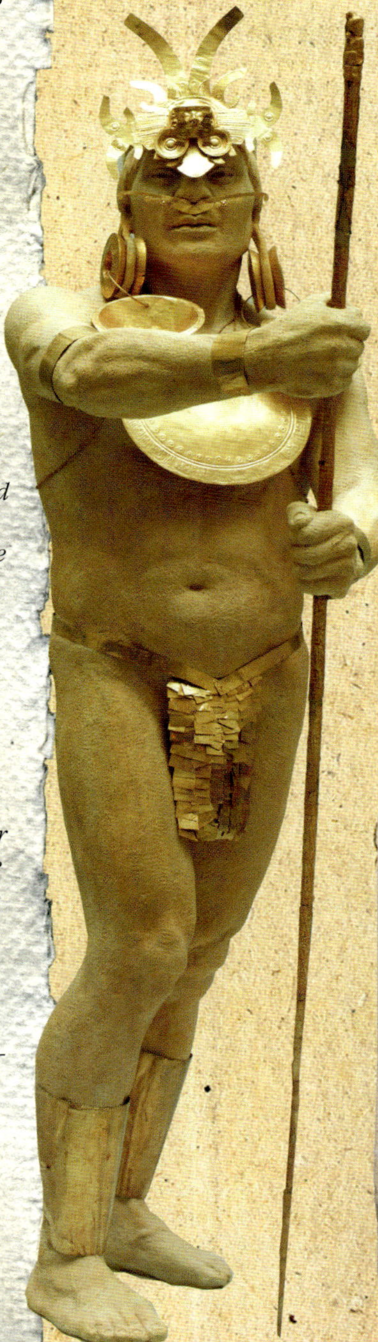

Uralte Schätze
Das Volk der Chibcha mag zwar nicht die goldene Stadt Eldorado erbaut haben, doch wie die anderen Völker dieser Gegend hatten sie kostbare Rohstoffe im Überfluss – nicht nur Gold, sondern auch Smaragde, Kupfer, Kohle und Salz. Gold war so reichlich vorhanden, dass es von Goldschmieden für allerlei Alltagsgegenstände und Schmuck verwendet wurde.

Götter und Helden

Als im 16. Jh. die Spanier in die Gegend kamen, hörten sie von dieser Zeremonie und nannten den Herrscher „Eldorado" – den Goldenen (mit Goldstaub Bedeckten). Aufgrund dieser Geschichte glaubten sie, dass es in der Nähe eine märchenhaft reiche Stadt geben müsse. Die Entdeckung des Sees Guatavita bestärkte sie in der Annahme. Eine Trockenlegung misslang, am Rand des Sees wurden jedoch Hunderte von Kostbarkeiten entdeckt. Die Suche nach der Stadt Eldorado war entbrannt.

Jahrelang zogen die Spanier durch den Dschungel und hielten Ausschau nach der goldenen Stadt. Sie wurde allerdings niemals gefunden und viele Entdecker starben während der Suche – durch Hitze, Hunger oder tödliche Krankheiten, die von Moskitos übertragen wurden. Die Legende um Eldorado verbreitete sich. Der englische Entdecker Sir Walter Raleigh segelte zweimal nach Südamerika, um sich auf die Suche zu machen. Auf seiner zweiten Expedition war Raleigh bereits ein alter Mann und blieb im Camp zurück, während sein Sohn Watt sich durch den Urwald kämpfte. Er kam bei einer Auseinandersetzung mit spanischen Schatzjägern ums Leben.

Auch heute noch sind viele überzeugt, dass im südamerikanischen Dschungel eine verborgene goldene Stadt liegt – über dem nächsten Berg oder hinter einem weiteren Fluss. Vielleicht glauben die Menschen an Eldorado, weil sie den Wunsch hegen, dass es existiert.

IM PORTRÄT

Biografie
Robin Hood

Was bisher geschah ...
Über Robin Hood kursieren schon seit dem 13. Jh. unzählige Geschichten. In einigen frühen Versionen (die meisten von ihnen Balladen – lange, volkstümliche Gedichte) lebt Robin im englischen Yorkshire, in anderen ist er Bauer, in wieder anderen dient er König Edward. Gegen Ende des 19. Jh. hatte sich die Erzählung in der uns heute bekannten Form durchgesetzt und gefestigt.

Die Figur, die wir heute als Robin Hood kennen, wurde als Robert Fitzooth (Robin ist eine Koseform von Robert) geboren. Er war adlig – Earl von Huntingdon – und lebte an einem Ort namens Locksley. Robin und seine Familie waren treue Anhänger des Königs Richard Löwenherz, der sich auf den Kreuzzügen befand.

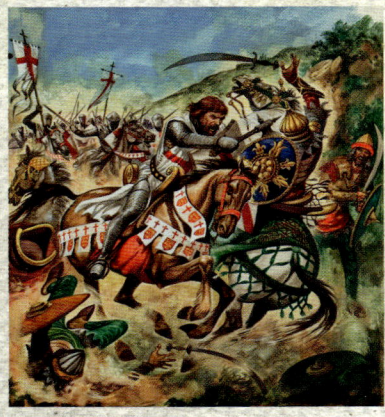

Im Rahmen der mittelalterlichen Kreuzzüge wollten die Christen das Heilige Land erobern.

Mächte des Bösen
Während der König fort war, riss sein hinterhältiger Bruder John die Macht an sich. Um reich zu werden, ließ er unschuldige Männer anklagen, festnehmen und ihren Besitz beschlagnahmen.

Der Sheriff von Nottingham und Guy von Gisborne, korrupte Handlanger von König John, erhielten einen Anteil an allem, was sie beschlagnahmten. Robin weigerte sich, König John zu dienen, und wurde so zum Gesetzlosen.

Robin Hood

Robin Hood verkörpert das **Idealbild** eines Helden wie kaum eine andere legendäre Figur. Er nahm von den Reichen, half den Armen, verteidigte die Schwachen und blieb dem wahren König **treu** ergeben. Im Lauf der Jahrhunderte wurden viele Versionen seiner Geschichte erzählt, doch ist bis heute nicht sicher, ob er **wirklich lebte** ...

Hintergrund

Robin war ein Gesetzloser, der mit seiner Bande im Wald von Sherwood lebte. Als Anhänger König Richards war er gezwungen, sich zu verstecken – vor Richards Bruder John, der Anspruch auf den Thron erhob, und vor dessen Freunden, dem Sheriff von Nottingham und Guy von Gisborne.

Als König Richard schließlich von den Kreuzzügen heimkehrte, vergab er Robin Hood und seinen Gefolgsleuten (hier vor ihm niederkniend) und nahm sogar an Robins und Marians Hochzeit teil.

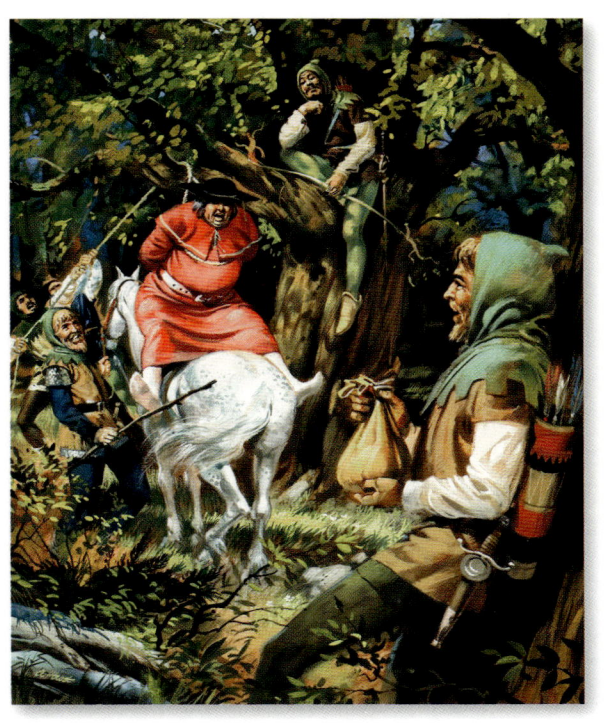

Überfälle

Robin und seine Getreuen waren nicht nur hervorragende Bogenschützen, sondern wussten auch mit Schwert und Stange zu kämpfen. Auf dem Weg, der durch ihr grünes Zuhause führte, überfielen sie regelmäßig die adligen Anhänger König Johns und raubten sie aus. Das gestohlene Geld wurde für Lebensmittel ausgegeben, die dann unter Robins Bande und armen Menschen verteilt wurden.

Robins Truppe

Robin Hood hatte im Wald von Sherwood viele Gleichgesinnte (etwa 200) um sich versammelt, in der Legende werden aber nur seine engsten Gefährten beschrieben. Als König Richard von den Kreuzzügen zurückkehrte, war er von der Treue und den Fähigkeiten der Männer so beeindruckt, dass er sie in seine Dienste nahm.

Lady Marian, Lord Fitzwalters Tochter, war Robert Fitzooth (Robin Hood) versprochen. Die Hochzeit war bereits in vollem Gange, als Sir Guy eintraf und Robin verhaften ließ. Noch ehe sie sich das Jawort geben konnten, musste die Zeremonie unterbrochen werden.

Much, der Müllersohn, kam bei Robin unter, nachdem König John seinen Vater hatte töten lassen. Der Müller wurde umgebracht, weil er für seine hungernde Familie ein Reh aus dem königlichen Wald gejagt hatte.

Will Scarlet hieß nur Scarlet (Dunkelrot), weil er immer Kleider in dieser Farbe trug.

Little John hieß John Little, war aber so groß, dass man ihn scherzhaft Little John (Kleiner John) nannte.

Bruder Tuck war ein kleiner dicker Priester. Man hatte ihn aus seiner Abtei geworfen, weil er Robin unterstützte. Er hieß Michael Tuck, wurde aber, als er zu der Truppe um Robin stieß, nur noch Bruder Tuck genannt.

RUND UM DIE WELT

Wie alles endet

In vielen Kulturen glaubt man, dass die **Seele** eines Verstorbenen im **Jenseits** weiterlebt. Das Jenseits wird von einigen als Ort des Glücks, von anderen als blasses Abbild unserer Welt gesehen. Manche stellen sich darunter auch eine Art **Gerichtshof** vor, wo die Guten mit dem Eingang ins Paradies belohnt und die Schlechten in die Unterwelt geschickt werden (siehe S. 44–45).

DURCHBLICK Mehr über nordische Götter erfährst du auf S. 90–91.

▲ **Svarga (Indien)** Die Hindus kennen Svarga, ein Paradies, das auf dem Berg Meru liegt. Diejenigen, die ein rechtschaffenes Leben führten, aber noch nicht vollkommen sind, leben hier so lange, bis sie wiedergeboren werden.

▲ **Walhall (Skandinavien)** Krieger, die heldenhaft in der Schlacht gefallen waren, wurden von den Walküren (Schlachtgöttinnen) nach Walhall – die große Halle des Gotts Odin – geführt. Dort umsorgte man sie und wartete darauf, dass Odin sie am Ende der Welt zur letzten Schlacht – Ragnarök, dem Kampf der Götter – rufen würde (siehe S. 93).

Götter und Helden

◀ **Jenseits (Azteken)** Tlaloc, der Regengott, war für die Toten verantwortlich, die durch Ertrinken oder Krankheiten ums Leben gekommen waren. Er sandte sie in einen Paradiesgarten, wie er hier auf einer aztekischen Wandmalerei aus Teotihuacán (Mexiko) dargestellt ist.

◀ **Paradies (Azteken)** Frauen, die im Kindbett gestorben, Krieger, die gefallen und Kaufleute, die auf einer Reise umgekommen waren, kreisten vier Jahre lang mit der Sonne am Himmel. Dann wurden sie zu Kolibris und tranken Nektar aus den Blüten des Paradieses.

▲ **Elysion (Altes Griechenland)** Die Elysischen Gefilde waren ein Teil der griechischen Unterwelt (siehe S. 44–45). Hier lebten die Guten und Heldenhaften nach ihrem Tod in ewiger Glückseligkeit. Wer weder besonders gut noch böse gewesen war, musste im Asphodeliengrund ein eintöniges Dasein fristen.

▲ **Aaru (Altes Ägypten)** Wenn jemand starb, wurde seine Seele in der Unterwelt Duat gewogen. War seine Seele genauso leicht wie die Straußenfeder der Wahrheitsgöttin Maat, gelangte sie an einen Ort der Freude namens Aaru. Dort herrschte Gott Osiris und die Seelen galten fortan als „ewig lebend". Diejenigen, deren Seele als zu schwer (von Sünde) befunden wurde, wurden von der Dämonin Ammit (siehe S. 41) gefressen.

▶ **Jenseits (Nordamerika)** Die Pueblo-Indianer glaubten, dass die Toten zu Regenwolken würden, mit ihren Vorfahren lebten oder zu Geistern namens Kachina würden.

Geschichten erzählen

Entdecke die alten Mythen und Legenden
und werde **selbst** zum Geschichtenerzähler!

Die ganze Welt ist reich an **Sagen, Mythen und Legenden**.
Über die Jahrhunderte hinweg wurden sie von Generation zu
Generation durch **Geschichtenerzähler** weitergegeben.
Künstler hielten sie in Malereien, Skulpturen,
Töpferwaren und Masken fest.

Lass deiner **Fantasie** freien Lauf, indem du dich in Museen,
Galerien und Parks von Gemälden und Skulpturen anregen lässt.

Erkunde die Leihbücherei und sammle beim Lesen neue
Ideen zu mythologischen Charakteren und Handlungen.

Schöpfe aus dem Vollen: Im Internet, in Büchern und
Filmen kannst du Mythen **aus aller Welt** und aus den
verschiedensten Kulturen entdecken.

Erzähle mit dem, was du gesehen und gelesen hast, deine
Lieblingsmythen **mit eigenen Worten** und in eigenen Bildern
oder selbst gebastelten Dingen nach. Greife ein Ereignis aus den
Nachrichten heraus und schildere es **wie eine Legende**, sodass
sich die Leute auch nach Jahren noch daran erinnern können.

Auch du kannst zum Erzähler werden
und andere dazu inspirieren, diese Geschichten
an ihre Nachkommen weiterzugeben!

Ein „Mountain Man" (Trapper und Pelzhändler) erzählt in Keystone (USA) nordamerikanische Legenden.

Glossar

Epos Ein langes Gedicht, das von den Heldentaten einer Figur oder eines Landes erzählt.

Fehde Ein Streit zwischen zwei Familien.

Geist Ein übernatürliches Wesen; der nicht körperliche Teil einer Person – ihr Bewusstsein.

Gestaltenwandler Ein Wesen, das seine Form ändern kann.

Halbgott Eine Figur, die halb Mensch, halb Gott ist.

Held Ein Charakter in einer Geschichte, der Mut zeigt und kühne Taten vollbringt.

Himmel Ein Ort, an dem Gottheiten leben.

Hölle Ein Ort der ewig währenden Qual und Strafe.

Inka Ein Volk, das zu einer Zivilisation gehörte, die bis zur Eroberung durch die Spanier im 16. Jh. in den südamerikanischen Anden lebte.

Kachina Ein Ahnengeist der Hopi und anderer amerikanischer Ureinwohner oder eine Person, die in einem zeremoniellen Tanz einen Geist darstellt.

Kentaur Ein Wesen, das Kopf und Oberkörper eines Manns und Unterkörper und Beine eines Pferds hat.

Kultur Die Lebensweise einer bestimmten Gesellschaft, zu der Musik, Kunst, Literatur und andere Bereiche gehören.

Kyklop Ein einäugiger Riese.

Labyrinth Ein verwirrendes Netz von Wegen und Irrwegen, aus dem man nur schwer wieder herausfindet.

Aberglaube Der Glaube an die Wirkung einer Handlung oder an etwas, das nicht mit dem Verstand erklärt werden kann. Aberglaube entsteht aus der Angst vor Unbekanntem.

Aborigines Die Ureinwohner Australiens.

Ahnen Personen, von denen man abstammt, z. B. die Urururgroßeltern.

Alchemist Eine Art „Chemiker" auf der Suche nach einer Substanz mit der Fähigkeit, Metall in Gold zu verwandeln, oder einem Elixier, das ewige Jugend schenkt.

Asuras Eine Gruppe von Dämonen, die die Feinde der indischen Halbgötter waren.

Azteken Angehörige eines Kriegervolks aus Mexiko. Die Kultur der Azteken erreichte ihren Höhepunkt im 16. Jh., bevor die Spanier Südamerika eroberten.

Chaos Urzustand; wirbelnde Dunkelheit, bevor die Schöpfung begann.

Dämon Ein böser Geist, der Qual, Schmerz und Leid verursacht.

Ehrenkodex Bestimmte Verhaltensregeln, nach denen Ritter sich zu richten hatten, z. B. immer treu, tapfer und ehrlich zu sein.

Einbalsamierung Behandlung eines toten Körpers, um die Verwesung zu verhindern.

Elixier Im Mittelalter ein Zaubertrank, der z. B. Menschen ewige Jugend schenkt und sie unsterblich macht.

Legende Die Erzählung einer historischen Begebenheit, die sich während ihrer Überlieferung immer wieder leicht veränderte und deren Charaktere zumeist als Helden dargestellt werden.

Māori Die Ureinwohner Neuseelands, die von den Völkern der Pazifikinseln abstammen.

Mayas Ein Volk, das zu einer Zivilisation in Südmexiko, Belize und Guatemala gehörte, die ab etwa 2000 v. Chr. existierte und ihren Höhepunkt um 250–900 n. Chr. hatte.

Mittelalter Ein historischer Abschnitt in Europa; er umfasst in etwa die Zeitspanne zwischen dem 5. und dem 15. Jh.

Mondfinsternis Wenn der Mond in den Erdschatten tritt und die Sonne ihn nicht direkt anstrahlen kann.

Mythen Eine traditionelle Erzählung, die Natur- oder gesellschaftliche Ereignisse erklärt, und in der oft übernatürliche Charaktere vorkommen.

Nixe Ein Wassergeist.

Nymphe Ein Naturgeist.

Orakel Ein Priester oder eine Priesterin, die jenen weissagte, die den Rat der Götter suchten. Es ist auch der Name des Orts oder Tempels, an dem er oder sie lebte.

Paradies Ein Ort der immerwährenden Freude und Zufriedenheit.

Glossar

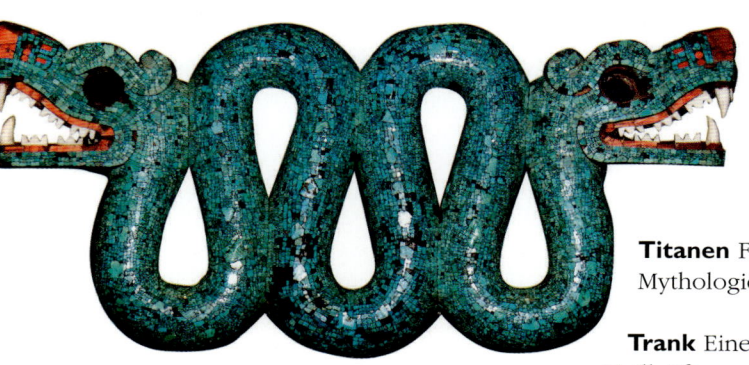

Pharao Ein Herrscher im alten Ägypten.

Prophezeiung Eine Zukunftsvorhersage.

Ritual Eine vorgegebene Reihe von Handlungen, die aus religiösen Gründen ausgeführt werden.

Sage Eine lange Erzählung über Heldentaten.

Satyr In der griechischen Mythologie ein Waldgott mit Pferdeohren und -schwanz, in der römischen ein Gott mit Ziegenhörnern, -beinen und -schwanz.

Schamane Eine Person, die zwischen der sichtbaren Welt und der unsichtbaren Welt der Geister vermittelt und Zauber anwendet.

Sirenen In der griechischen Mythologie Wesen mit Frauenköpfen und Vogelflügeln, deren Gesänge vorbeifahrende Matrosen so ablenkten, dass ihr Schiff an Felsen kenterte.

Skandinavien Nördlicher Teil Europas, zu dem im weiteren Sinne Norwegen, Finnland, Schweden, Dänemark und Island gehören.

Symbol Ein Gegenstand oder eine Figur, die als Zeichen für etwas anderes verwendet wird, z.B. ist eine weiße Taube ein Symbol für Frieden.

Titanen Familie der Riesen in der Mythologie des alten Griechenlands.

Trank Eine Flüssigkeit mit Zauber- oder Heilkräften.

Traumzeit Die australischen Aborigines glauben, dass dies die Zeit ist, die seit der Erweckung der Welt und der Schöpfung immer weiterläuft.

Trojaner Menschen aus der antiken Stadt Troja, die vermutlich im Nordwesten der heutigen Türkei in der Nähe der Dardanellen lag.

Tyrann Ein Herrscher, der sein Volk allein und mit Gewalt regiert und meist unrechtmäßig an die Macht kam.

Wappen Das Erkennungszeichen für eine bestimmte Familie in Form eines Schilds, auf dem verschiedene Symbole gezeigt werden, die einen Bezug zu deren Geschichte haben.

Wiedergeburt Das Weiterleben der Seele in einem neuen Körper.

Übernatürlich Etwas, das außerhalb der wahrnehmbaren Welt liegt und dessen Kräfte jenseits der Naturgesetze wirken.

Unterwelt Das Land der Toten.

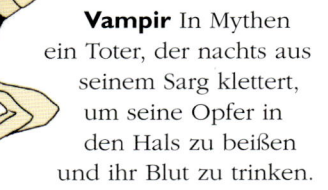

Vampir In Mythen ein Toter, der nachts aus seinem Sarg klettert, um seine Opfer in den Hals zu beißen und ihr Blut zu trinken.

/Xam San Untergruppe des Volks der San in Südafrika. Das „/" steht für einen Klick-Laut, der vermutlich noch aus der ersten von Menschen verwendeten Sprache stammt.

Zwerg Kleine, menschenähnliche mythische Wesen.

Register

Achilleus 88, 112
Affenkönig (Sun Wukong) 64–65
Agamemnon 112
Agni 98
Aido-Hwedo 13
Aietes 50, 114–115
Aigeus 108–109
Aineias 113
Aison 114
Aithra 108
Ajax 112
Aknidi 26
Akrisios 110
Alberich 94
Alkmene 104
Amaterasu 18, 102
Amazonen 104, 106
Ammit 41, 135
Amphitrite 109
Anahi 72
Anansi 68–69
Andromeda 87, 110–111
Antigone 116
Antikleia 52
Anubis 41
Aphrodite (Venus) 33, 35, 70, 71, 108, 113
Apollon (Apollo) 33, 71, 73, 75, 112, 113, 116
Apophis 44
Ares (Mars) 32, 106–107, 113
Ariadne 109
Arjuna (Jishnu) 89
Artemis (Diana) 33, 113
Asase 68
Ask 30
Aspidochelone 61
Asuras 125
Athamas 115
Athene (Minerva) 33, 35, 88, 105, 110–111, 112
Atlas 34
Baba Jaga 82–83
Balder 67, 91
Basilisk 119
Bellerophon 96, 111
Bellona 107
Benu 12
Beowulf 120–121
Berserker 88
Bestie vom Gévaudan 56
Biami 80
Blauer Drache 62–63
Bogeyman 84
Boudicca 107

Bragi 91
Brahma 67, 98–99
Bran, der Gesegnete 48
Brokkr 93
Brownie 76
Bruder Kaninchen 67
Bruder Tuck 133
Brünhild 95
Buddha 64–65, 98
Bullenkönig 65
Bunyip 80–81
Butzemann 84
Chalchiuhtlicue 36
Chang'e 125
Charybdis 53, 61
Chimäre 96, 111
Coatlicue 119
Coyote 30
Dama 72
Danaë 110–111
Daphne 73
Deianeira 104
Demeter (Ceres) 32, 42–43
Deukalion 34, 37
Diomedes 113
Dionysos (Bacchus) 33, 74–75
Donnervogel 58–59
Drachenkönig des östlichen Meers 64
Draugr 97
Dumuzi 43
Durga 99, 100–101
Durvasa 125
Eileithyia 32
Einhorn 62, 96, 97
Eitri 93
El Coco 84
Eldorado 130–131
Elfen 78–79
Embla 30
Enkidu 127
Epimetheus 31, 34–35
Ereschkigal 45
Eris 112
Eros 70–71, 73
Eshu 66
Eurynome 13
Eurystheus 104
Fafnir 119
Fenrir 91
Finn MacCool 89
Forseti 91

Francisco Vásquez de Coronado 130
Freya 91
Freyr 91
Frigg 91
Gaia (Tellus) 32, 34
Ganesha 99, 100
Garuda 96
Geb 40–41
Gilgamesch 36, 126–127
Glaukos 113
Greif 97
Grendel 120–121
Guinevere 122–123
Guivre 118
Gunther 95
Guy von Gisborne 132, 133
Hades (Pluto) 33, 42–43, 44, 111
Hagen 95
Harpyie 114
Hase im Mond 125
Haumia 23
Hebe (Iuventas) 32
Heimdall 91
Heinzelmännchen 76, 79
Hekabe 113
Hekate 50
Hektor 106, 112–113
Helena 52, 112–113
Helenos 113
Helios 34, 50, 53
Hemā 23
Hephaistos (Vulcanus) 32, 33–35, 112
Hera (Juno) 32, 104, 112, 114
Herakles (Herkules) 34, 61, 104–105
Hermes (Mercurius) 33, 35, 44, 50, 105, 110, 112, 124
Hermes Trismegistos 124
Hermodr 91
Hesperiden 104, 105, 125
Hestia (Vesta) 33
Hildebrand 89
Hina 24
Hine-ahuone 22
Hine-nui-te-pō (Hine-ata-uira) 22, 25
Hippodameia 108
Hippolyte 104, 106
Hiranyakashipu 48
Hödur 67, 91
Horus 40, 41
Hræsvelgr 90
Hreidmar 119
Hrothgar 120–121
Hua Mulan 107

Huitzilopochtli 38, 119
Huldra 53
Huldufólk 79
Hydra 61, 104
Hymir 93
Idun 90–91
Ikatere 23
Inanna (Ischtar) 43, 45, 127
Inti 16
Iokaste 116
Ischtar (Inanna) 43, 45, 127
Isis 40, 41
Ixion 45
Izanagi 18–19
Izanami 18–19
Jadekaiser 64
Jarnsaxa 92
Jason 114–115
Johanna von Orléans 106
Jörd 92
Jörmungandr 93
Juan Ponce de León 124
Jyoti 100
Kaang 28–29
Kachina 135
Kadmos 88
Kagutsuchi 18
Kaitangata 23
Kala 100
Kali 99, 100
Kappa 66
Kartikeya 99, 100
Kassandra 113
Kentaur 97, 104, 108, 114
Kerberos 44, 71, 104, 105
Khnum 31
Kirke 50–51, 52
Kitsune 55
Klabautermann 76
Kleito 128
Kobold 76, 79
Kokopelli 73
Kotgahm 84
König Artus 89, 122–123
Korriganen 78
Kraken 60
Kriemhild 94
Krishna 67, 89, 98
Kronos (Saturn) 32–33
Kubera 100
Kuh Billaur 119
Kukulkan 38
Kutkh 14
Kynokephale 56

Kyrene 55
Lady Marian 132–133
Laertes 52
Laios 116
Lakshmi 99, 100
Kali 99, 100
Leprechaun 79
Little John 133
Lobishomen 57
Loki 67, 91, 92–93
Loreley 53
Lotis 73
Lugalbanda 126
Lumaluma 55
Lykaon 56
Maat 41, 135
Magni 92
Mahadevi 99, 100
Mahishasura 100
Makea Tutara 24
Mama Killa 16–17
Mama Ocllo 16
Mama Pacha 16
Mama Qucha 16
Manco Cápac 16
Mantikor 96
Manu 37
Maui 24–25
Mawu 13
Medea 115
Medusa 87, 110–111
Melusine 54
Menelaos 112–113
Merlin 122
Mictlantecuhtli 45
Midas 74–75
Minos 50, 108–109
Minotauros 50, 108–109
Modi 92
Morgan le Fay 122
Much 133
Namahage 84
Nanna 91
Narziss 72
Nephele 115
Nephthys 41
Nidhogg 90
Ninigi 18
Nin-Sun 126
Nisse 76–77
Njörd 91
Noah 37
Nut 40–41
Nüwa 31
Nyame 68–69
Nyx 50

Odin (Wodan) 14, 30, 49, 88, 91, 92, 94, 134
Ödipus 116–117
Odysseus 48, 50, 52–53, 61, 112
Okeanos 55
Ōkuninushi 102–103
Ometeotl 38
   Omecihuatl 38
   Ometecutli 38
Ophion 13
Orakel von Delphi 71, 116
Osiris 40, 41, 135
Oyá 107
P'an Hu 56
P'an Kuan 45
Pachakamaq 16
Pan 75
Pandora 34–35
Pangu 12, 62
Papa 22–23
Paris 112–113
Pasiphae 50, 108
Patroklos 112
Pegasos 96, 111
Pelias 114
Penelope 50, 52
Penthesilea 106
Perse 50
Persephone (Proserpina) 42
Perseus 87, 110–111
Phineus 114
Phönix 63
Phrixos und Helle 115
Polybos 116
Polydektes 110–111
Polyphem 48, 52
Poseidon (Neptun) 32, 52, 108, 109, 110–111, 112, 128
Priamos 113
Prometheus 31, 34, 37
Proteus 55
Psyche 70–71
Punga 23
Pyrrha 34, 37
Qilin 62–63
Quetzalcoatl 38–39
Rabe 14–15
Rangi 22–23, 24
Ratatöskr 90
Ravana 98
Re (Atum-Re) 40, 44, 54

Regenbogenschlange 20–21, 80
Rehua 23
Rhea (Kybele) 32
Rheintöchter 94
Robin Hood 132–133
Rongo 23
Roter Vogel 62–63
Ruaumoko 23
Rübezahl 48
Ryu 118
Saci 67
Saraswati 98–99, 100
Sarpedon 113
Sati 100
Satyr 74
Schu 40
Schwarze Schildkröte 62–63
Sedna 26–27
Selkie 55
Seth 41
Sha Wujing 65
Shachihoko 61
Sheriff von Nottingham 132
Shiva 98–99, 100, 125
Siegfried 94–95, 119
Sif 90, 92
Silenos 74
Sir Bedivere 123
Sir Bors 122–123
Sir Galahad 122–123
Sir Gawain 123
Sir Kay 123
Sir Lancelot 123
Sir Mordred 123
Sir Parceval 122
Sir Tristan 123
Sir Walter Raleigh 131
   Watt (sein Sohn) 131
Sirenen 42, 52
Skadi 91
Sky Chief 14–15
Skylla 52, 61
Spenta Mainyu 39
Sphinx 116–117
Sun Wukong 64–65
Surya 100
Susanoo 18, 66, 89, 102–103
Suseri-hime 103
Tāne 22–23, 31
Tangaroa 22
Tapfere Büffelkalb-Frau 106
Taranga 24
Tarasque 97
Tāwhiri 22–23
Tefnut 40
Teiresias 52, 116

Telegonos 50
Telemachos 50, 52
Tengu 66
Tezcatlipoca 38–39
Theseus 108–109
Thor (Donar) 91, 92–93
Thot 41, 124
Tiki 31
Titanen 32–33, 34
Tlaloc 135
Tmolos 75
Tomte 76
Troll 49
Tsukuyomi 18
Tū 23
Tū-te-wehiwehi 23
Tyr 91
Uranos (Uranus) 32–33, 34
Utnapischtim 36, 127
Vampire 56
Varuna 98, 100
Vasilisa 82–83
Vayu 98, 100
Vé 30
Vidar 91
Vili 30
Vishnu 37, 96, 98–99, 100
Vishwakarma 100
Walküre 94, 134
Wassergeister, nordische 54
Weißer Tiger 63
Werwölfe 56–57
Whaitiri 23
Will Scarlet 133
Wiraqucha 37
Xipe Totec 38
Xiuhcoatl 119
Xuanzang 65
Ya-gami-hime 102–103
Yama 19, 44
Yamatotakeru 89
Yen-lo 45
Ymir 13, 30, 49
Zeus (Jupiter) 31, 32–33, 34, 35, 37, 42–43, 45, 53, 56, 71, 104, 108, 110, 112–113, 115
Zhu Wuneng 65
Zwerge 78–79, 90, 92–94, 119

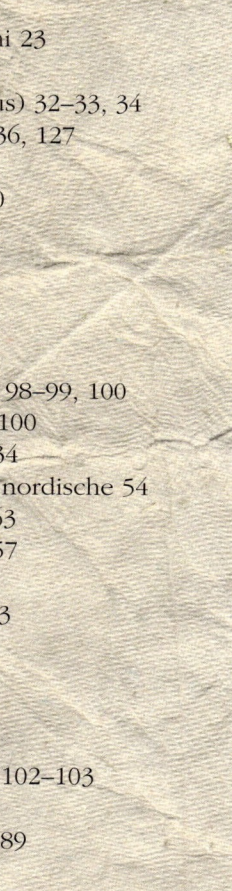

Dank und Bildnachweis

Der Verlag dankt folgenden Personen und Institutionen für die freundliche Genehmigung zum Abdruck von Fotos:

(Abkürzungen: o = oben, go = ganz oben, u = unten, gu = ganz unten, m = Mitte, l = links, gl = ganz links, r = rechts, gr = ganz rechts)

2–3 Hrana Janto. **4 Alamy Images:** Mary Evans Picture Library. **5 The Bridgeman Art Library:** Private Collection (u). **Dreamstime.com:** Milos Tasic (Hg) **6 Alamy Images:** Universal Images Group Limited (m). **7 akg-images:** (go). **Adam Vehige:** (u). **Wellcome Images:** (m). **8 Alamy Images:** WoodyStock (l). **Corbis:** Thomas Francisco (gol). **8–9 Alamy Images:** Mary Evans Picture Library (Kraken). **Corbis:** Michael Busselle (u). **9 Alamy Images:** Patrick Blake (ur); Horizon International Images Limited (gor). **Corbis:** Visuals Unlimited (mro). **10–11 akg-images. 12–13 Getty Images:** LWA (Hg). **12 The Bridgeman Art Library:** Deir el-Medina, Thebes, Egypt/Giraudon (gol); Private Collection (gor); Horniman Museum, London, UK/Photo © Heini Schneebeli (u). **Werner Forman Archive:** (ul). **13 Alamy Images:** Sebastian (gol). **Maya W. aka „Bloodhound Omega" http://bloodhound-omega.deviantart.com/, Claudia Schmidt aka AlectorFencer. http://alectorfencer. deviantart.com/:** (m). **14 Alamy Images:** Mary Evans Picture Library (u). **Dreamstime.com:** Milos Tasic (Hg). **16 Alamy Images:** Mireille Vautier (ml); Mark Wiener (ur). **Dreamstime.com:** Splinex (gol). **Hrana Janto:** (ul). **Science Photo Library:** John Chumack (u). **17 Alamy Images:** Eduardo Mariano Rivero. **18 Alamy Images:** Prisma Archivo (ur). **18–19 Dreamstime.com:** Milos Tasic (Hg). **19 The Bridgeman Art Library:** Museum of Fine Arts, Boston, Massachusetts, USA/William Sturgis Bigelow Collection (l). **20 Alamy Images:** Christine Osborne Pictures (ur); Penny Tweedie/ © DACS 2010 (ul). **Dreamstime.com:** Ben Goode (mr). **J. Reisinger/jr-teams. com:** (ml). **22 Alamy Images:** Travelscape Images. **Dreamstime.com:** Clairev (gor). **Nigel Fish, www. nigelfishphotography.co.uk:** (gor). **23 Alamy Images:** David Wall (Stammbaum). **CGTextures. com:** (Felder, u). **Fotolia:** Sébastien Murat. **24 Alamy Images:** Robin Chittenden (u). **Dreamstime.com:** Splinex (gol). **Adele Jackson:** (m). **25 The Bridgeman Art Library:** Private Collection/© Look and Learn (gol). **June Grant:** Matariki Gallery, www.matariki.nl (gol). **NASA:** JPL/NGA (u). **26 Bryan & Cherry Alexander/ArcticPhoto:** (gol). **Dreamstime.com:** Milos Tasic (Hg). **27 Dreamstime.com:** Rudchenko (ur/Papier). Hrana Janto: (go, ur). **28 Alamy Images:** Michele Burgess (m). **naturepl.com:** Pete Oxford (ul). **Kellan Stover:** (r). **28–29 Dreamstime.com:** Bjarne Henning Kvaale (Hg). **30 Alamy Images:** John Takai (gor). **The Bridgeman Art Library:** Museo Casa Diego Rivera (INBA), Guanajuato, Mexico/Index/© 2011 Banco de México Diegom Rivera Frida Kahlo Museums Trust, Mexico, D.F./© DACS 2010 (u). **31 Alamy Images:** Mary Evans Picture Library (ul); Suzanne Long (ml); Ivy Close Images (gor); Interfoto (gor). **32–33 Alamy Images:** Dennis Cox (Stammbaum). **32 akg-images:** De Agostini Picture Library (uc). **Alamy Images:** bilwissedition Ltd. & Co. KG (ur); Mary Evans Picture Library (mro); Interfoto (m). **The Art Archive:** Archaeological Museum Venice/Collection Dagli Orti (ul). **The Bridgeman Art Library:** Louvre, Paris, France / Musée National de la Renaissance, Ecouen, France/Giraudon (mlu). **Corbis:** (m). **Dreamstime.com:** Clairev (gol). **Getty Images:** The Bridgeman Art Library (mr); DEA/Collection Dagli Orti (ml). **33 akg-images:** De Agostini Pic.Lib (mo); Electa (m). **Alamy Images:** Mary Evans Picture Library (ul). **The Art Archive:** Archaeological Museum Delphi/Collection Dagli Orti (go). **Getty Images:** Archive Photos (ml); Superstock (um); DEA/G. Dagli Orti (ur); DEA/G Nimatallah (mu); The Bridgeman Art Library (mr). **34 akg-images:** (ur). **Getty Images:** The Bridgeman Art Library (l). **34–35 Dreamstime.com:** Milos Tasic (Hg). **35 The Bridgeman Art Library:** Private Collection/The Stapleton Collection (gol). **Corbis:** Bettmann (r). **Dreamstime.com:** Rudchenko (gom). **36 Alamy Images:** Ivy Close Images (gor). **Mattias Fahlberg:** (l). **Julie Newdoll, www.brushwithscience. com:** (mr). **37 Alamy Images:** Ancient Art & Architecture Collection Ltd (gol). **The Bridgeman Art Library:** Private Collection/The Stapleton Collection (gor); Private Collection/ Archives Charmet (u). **Corbis:** Bettmann (gor). **38 Stencil Kingdom** – www. stencilkingdom.com (gol). **39 The Bridgeman Art Library:** Bibliotheque des Arts Decoratifs, Paris, France/ Archives Charmet (gor). **Dreamstime.com:** Rudchenko (mro). **40–41 Corbis:** So Hing-Keung (Stammbaum).

40 The Bridgeman Art Library: Brooklyn Museum of Art, New York, USA (ml). **Corbis:** The Art Archive (gor); Charles & Josette Lenars (ur). **Dreamstime.com:** Clairev (gor). **Getty Images:** De Agostini (mr); DEA Picture Library (ul). **Wikipedia:** Jeff Dahl (ur). **41 Alamy Images:** Interfoto (ur). **Corbis:** Collection Dagli Orti (mro); Roger Wood (mlo); Sandro Vannini (Hg). **Getty Images:** DEA/Collection Dagli Orti (gol, ul, mr). **Wikipedia:** Jeff Dahl (gor). **42–43 Alamy Images:** North Wind Picture Archives (u). **42 Alamy Images:** The Art Gallery Collection (gom). **Corbis:** Christie's Images (l). **43 Alamy Images:** Mary Evans Picture Library (ur). **The Bridgeman Art Library:** Private Collection/The Stapleton Collection (gor). **Dreamstime. com:** Rudchenko (mru). **44 Alamy Images:** The Art Gallery Collection (l). **The Bridgeman Art Library:** Ancient Art and Architecture Collection Ltd. (mr). **Corbis:** Historical Picture Archive (gor). **45 Alamy Images:** Mary Evans Picture Library (gol); Lordprice Collection (ul); The Print Collector (ur). **The Bridgeman Art Library:** Museo de Antropologia, Jalapa, Mexico/Photo © Boltin Picture Library (gor). **46–47 Wellcome Images. 48–49 Corbis:** Glowimages (Hg); Marie Hickman (Hg 2). **48 akg-images:** (gol). **Alamy Images:** Mary Evans Picture Library (ul); Ivy Close Images (gor). **The Bridgeman Art Library:** Private Collection/The Stapleton Collection (ur). **49 Alamy Images:** Pictorial Press Ltd (r). **The Bridgeman Art Library:** Private Collection/Photo © O. Væring (ul). **Mary Evans Picture Library:** (gol). **50 akg-images:** (mr). **Alamy Images:** Rupert Hansen (ml). **The Bridgeman Art Library:** Gallery Oldham, UK (go). **51 The Bridgeman Art Library:** Bibliotheque des Arts Decoratifs, Paris, France/Archives Charmet. Circe, 1911 (Lithografie), Edmund Dulac, permission granted by Hodder Children's Books, a division of Hachette Children's Books, 338 Euston Road, London NW1 3BH. **52 Alamy Images:** Lebrecht Music and Arts Photo Library (gol). **53 Dreamstime.com:** Rudchenko (ur/Papier). **Mary Evans Picture Library:** (ur). **54 Alamy Images:** The Art Gallery Collection (gor); Mary Evans Picture Library (gol). **The Bridgeman Art Library:** Private Collection/Photo © O. Væring (ul, ur). **55 Corbis:** Asian Art & Archaeology, Inc. (ul). **Mattias Fahlberg:** (r). **Mary Evans Picture Library:** (ml). National Gallery Of Victoria, Melbourne: Danny Nalorlman Djorlom, Kunwinjku c. 1952–2005, The killing of Lumaluma 1988, earth pigments on Stringybark 65,5 x 172,0 cm. Gift of Penny Blazey, 1989. © Estate of the artist 2011 licensed by Aboriginal Artists Agency (AAA) (gor). **56 Alamy Images:** bilwissedition Ltd. & Co. KG (ul). **Dreamstime.com:** Splinex (gol). **Getty Images:** The Bridgeman Art Library (gol). **56–57 Mattias Fahlberg. 58 Alamy Images:** Paul Moore (mlu). **Dreamstime.com:** Milos Tasic (Hg); Rudchenko (ul); Daniel Wiedemann (ur). **59 Dreamstime.com:** Noel Powell (u). **Brad Heyd:** (ur). **Island Art Publishers:** Donnervogel und Wal, von Joe Wilson (m). **60 Alamy Images:** North Wind Picture Archives. **61 akg-images:** British Library (gol). **Alamy Images:** The Art Gallery Collection (ul); North Wind Picture Archives (l/Hg); directphoto.bz (mr). **The Bridgeman Art Library:** Private Collection/© Look and Learn (gor). **62 Alamy Images:** Digifoto (gom, gor/rote Laternen); Jade 57 (l, ur); photonic 2 (gom). **Werner Forman Archive:** (mr). **63 Alamy Images:** Argus Photo (m) TAO Images Ltd (mo, ml); Wendy Connett (um); Jade57 (ur); Best View Stock (ur); Digifoto (go, gor, gol/rote laternen); photonic 2 (go/Hasenlaterne). **Corbis:** Historical Picture Archive (ul). **64–65 Teddy Edmund Tan Pavon, http://lagunapavon.deviantart.com. 64 Tu Bui, www. ArtofTu.com:** (ul). **Dreamstime.com:** Drizzd (gol). **66–67 Allen Douglas, www.allendouglasstudio.com. 66 The Bridgeman Art Library:** Private Collection/Paul Freeman (gol). **Jisuk Cho:** (gor). **67 The Bridgeman Art Library:** Private Collection (gor); Private Collection/Dinodia (ur); Royal Library, Copenhagen, Denmark (m). **Ebert Naves:** (gol). **68 Dreamstime.com:** Dr.alex (m). **Photo Scala, Florence:** © 2011. Image copyright The Metropolitan Museum of Art/Art Resource (ul). **69 Dreamstime.com:** Siloto (ul); Lianquan Yu (ur). **70 The Bridgeman Art Library:** Manchester City Art Galleries, UK. **70–71 Dreamstime.com:** Milos Tasic (Hg). **71 akg-images:** (gor). **The Bridgeman Art Library:** Bibliotheque des Arts Decoratifs, Paris, France/ Archives Charmet (u). **72 Alamy Images:** Universal Images Group Limited (gol); Wildlife GmbH (gom). **naturepl.com:** Phil Savoie (r). **Photolibrary:** Tsuneo Nakamura (ur). **Science Photo Library:** K Jayaram (mu). **73 The Bridgeman Art Library:** National Gallery, London (gor). **Photolibrary:** Heiner Heine/imagebroker.net (ml).

74 The Art Archive: Bibliothèque Municipale Dijon/ Collection Dagli Orti (go). **Dreamstime.com:** Lana Langlois (m). **Fotolia:** Scott Maxwell (r, l). **75 akg-images:** (r); British Library (l). **Dreamstime.com:** Rudchenko (gor). **76 Alamy Images:** Michael Philip (u). **Dreamstime.com:** Splinex (gol). **Mary Evans Picture Library:** (ul, go). **77 Mattias Fahlberg. Fotolia:** Alex Vasilev (m). **78 The Bridgeman Art Library:** Private Collection/ Archives Charmet (gor). **Corbis:** Stapleton Collection (ur). **Allen Douglas, www.allendouglasstudio.com:** (l). **Mary Evans Picture Library:** Medici (u). **79 akg-images:** (gor). **Alamy Images:** Melba Photo Agency (ul). **The Bridgeman Art Library:** Private Collection/The Bridgeman Art Library (gol); Private Collection/Photo © The Maas Gallery, London (mru). **Mary Evans Picture Library:** Medici (ur, go). **80 Dorling Kindersley:** Bedrock Studios (u). **Dreamstime. com:** Splinex (gol). **State Library Of Victoria, Melbourne:** (m). **81 Allen Douglas, www.allendouglasstudio.com:** (go). **Getty Images:** Mike Kowalski (ul); Visuals Unlimited, Inc./ Dave Watts (ur). **82–83 Dreamstime.com:** Milos Tasic (Hg). John Wigley. **82 The Art Archive:** Bibliothèque des Arts Décoratifs Paris/Collection Dagli Orti (gol, gom). **83 Chrissie Graboski:** (ur). **84–85 akg-images. 84 Alamy Images:** RTimages (ul). **Corbis:** Studio Eye (ul). **Dreamstime.com:** Splinex (gol). **85 Alamy Images:** JTB Photo Communications, Inc. (gol). **86–87 Adam Vehige. 88 Alamy Images:** Lebrecht Music and Arts Photo Library (gor). **The Bridgeman Art Library:** Palazzo Ducale, Mantua, Italy (ur). **Kamil Jadczak:** (l). **89 Alamy Images:** Mary Evans Picture Library (ml, ur); World History Archive (bl). **Mattias Fahlberg:** (gor). **Getty Images:** The Bridgeman Art Library (gol). **90 Dreamstime.com:** Clairev (gol). **Jemma Westing. 91 akg-images:** IAM (gor, mo); ullstein bild (gol). **Alamy Images:** Classic Image (ur); Ivy Close Images (Stammbaum); Robert Adrian Hillman (mlo); Mary Evans Picture Library (mlu). **The Bridgeman Art Library:** Royal Library, Copenhagen, Denmark (m). **Dreamstime.com:** Rudchenko (mro). **Mary Evans Picture Library:** (mu, ul). **92 akg-images:** (r). **Dreamstime.com:** Artaniss8 (go); Splinex (gol). **TopFoto.co.uk:** The Granger Collection (mlo, ul). **93 Alamy Images:** Interfoto (ur). **Getty Images:** The Bridgeman Art Library (mr). **94 Alamy Images:** Interfoto (gol); Lebrecht Music and Arts Photo Library (r). **Corbis:** Stapleton Collection (um). **95 Corbis:** Stapleton Collection (r). **Dreamstime. com:** Rudchenko (mro). **Photo Scala, Florence:** BPK, Bildagentur für Kunst, Kultur und Geschichte, Berlin (gor). **96 Alamy Images:** Robert Harding Picture Library Ltd (gor). **The Art Archive:** Biblioteca Nazionale Marciana Venice/ Gianni Dagli Orti (ur, ul). Allen Douglas, www.allendouglasstudio.com. **97 Alamy Images:** Mary Evans Picture Library (gol). **The Art Archive:** Biblioteca Nazionale Marciana Venice/Gianni Dagli Orti (ul, ur). **The Bridgeman Art Library:** Private Collection (ur/Greif). **Corbis:** Alinari Archives (gor); Arte & Immagini srl (mr). **O. Væring Picture Archive:** (ml). **98 Alamy Images:** World History Archive (m). **Corbis:** Historical Picture Archive (ur, um/ Agni, ul, ul/ Indra, ul/Varuna). **Dreamstime.com:** Clairev (gol). **Getty Images:** elliott, elliott (gor); Photosindia (ml). **98–99 Fotolia:** sunshine (Hg). **99 Alamy Images:** Art Directors & TRIP (gor); Robert Harding Picture Library Ltd (ul); Louise Batalla Duran (gol); Tim Gainey (m). **Dorling Kindersley:** St Mungo, Glasgow Museums (ur). **100 Alamy Images:** Art Directors & TRIP (ml/Saraswati); Angelo Hornak (um); IndiaVisuals (ul); Bjorn Svensson (mlu); Louise Batalla Duran (ml/Kali). **101 Alamy Images:** Art Directors & TRIP. **Fotolia:** Sunshine (Hg). **102–103 Dreamstime. com:** Milos Tasic (Hg). **103 Tanya Goen, Made by Telaine:** (u). **Visipix. com:** (gor). **104 Alamy Images:** The Art Gallery Collection (mlo); **Mary Evans Picture Library (u). Dreamstime.com:** Splinex (gol). **Getty Images:** DEA/ Veneranda Biblioteca Ambrosiana (l). **105 The Art Archive:** Bibliothèque des Arts Décoratifs Paris/Collection Dagli Orti (m). **Dreamstime.com:** Rudchenko (ur/Papier). Yannis „Rubus" Roumboulias, http:// rubusthebarbarian.deviantart.com. **106 Alamy Images:** The Art Gallery Collection (go). **Getty Images:** The Bridgeman Art Library (ul). **Jeroen Vogtschmidt:** (ur). **107 akg-images:** (ur). **The Bridgeman Art Library:** Private Collection/© Look and Learn (ul). Verónica Martínez Medellín: (gor). C. Henry Sanderson: (u). **Tobias Kwan:** (r). **108 Alamy Images:** Pick and Mix Images (ur). **110–111 Allen Douglas, www.allendouglasstudio.com:** (u). **Dreamstime.com:** Milos Tasic (Hg). **110 Adam Vehige:** (ul). **111 The Bridgeman Art Library:** Palazzo Sandi-Porto (Cipollato),